AUTOUR DE PARIS, L'AVENTURE

JEAN-CHRISTOPHE NAPIAS

AUTOUR DE PARIS, L'AVENTURE

100 SORTIES ÉTONNANTES SANS VOITURE

PARIGRAMME

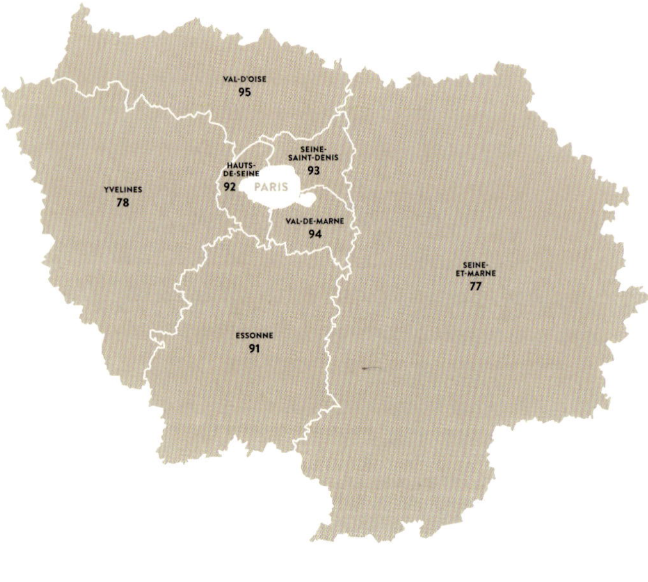

N'hésitez pas à nous écrire : **parigramme@parigramme.fr**

Sommaire

“Le seul véritable voyage, [...] ne serait pas d’aller vers de nouveaux paysages, mais d’avoir d’autres yeux [...].”

Marcel Proust

Autour de Paris, les occasions de s’étonner, se cultiver ou se détendre en prenant l’air ne manquent pas. À quelques minutes de la capitale s’offrent au visiteur d’un jour des maisons d’artistes secrètes, des fondations d’art contemporain, des souterrains étranges, des plages agréables, des cueillettes et la possibilité de pratiquer des vols en montgolfière, du vélorail et même du ski nautique !
Ce guide se veut une source d’inspiration, une porte entrouverte sur les mille et une ressources qu’offrent les sept départements de la région parisienne, ce territoire de 12 000 km^2 dont on n’a jamais vraiment fini de découvrir la richesse et la diversité.
Une chose encore : tous les lieux présentés ici sont accessibles sans voiture. Parce que grâce aux transports en commun, et notamment au Transilien, tous les recoins de la région sont à la portée des visiteurs sans stress ni dépenses excessives.
En famille, entre amis ou seul, oubliez les week-ends ruineux et lointains et partez explorer l’Île-de-France, ce formidable terrain d’aventure et de dépaysement.

En famille

VISITES BIEN GUIDÉES ET BONNES IDÉES

Et si vous abordiez les alentours de Paris avec la curiosité d'un touriste ? Des yeux neufs ? D'excellentes associations et un très bon site sont là pour vous guider dans ces terres encore inexplorées parfois du Grand Paris et vous en faire goûter la densité historique mais aussi leur modernité et leur goût de l'expérimentation urbaine.

- **promenades-urbaines.com** organise des promenades originales destinées aux "promeneurs perspicaces", aux "habitants avertis" et aux "touristes éclairés". Au programme, des virées à Montreuil, à Malmaison, à Montrouge ou à Clichy-la-Garenne.
- **atraversparis.com** : là encore, un riche programme de randonnées urbaines, à Paris comme en banlieue, animées par des étudiants ; le canal de l'Ourcq, Nanterre, Ivry-sur-Seine, l'île Seguin, etc.
- **enlargeyourparis.fr** est un site très actif, dont le slogan "Il y a 1001 vies au-delà du périph'..." dit bien les intentions. Des infos au quotidien sur ce qui se passe en proche banlieue – culture, loisirs, société... – tous les sujets sont abordés.

Par ailleurs, les **comités départementaux du tourisme** centralisent bon nombre d'informations sur les lieux que nous présentons. Nous vous conseillons de consulter leurs sites web qui fourmillent d'idées de sorties et d'événements
- CDT Hauts-de-Seine : tourisme92.com
- CDT Seine-Saint-Denis : tourisme93.com
- CDT Val-de-Marne : tourisme-valdemarne.com
- CDT Essonne : tourisme-essonne.com
- CDT Yvelines : tourisme.yvelines.fr
- CDT Val-d'Oise : valdoise-tourisme.com
- CDT Seine-et-Marne : tourisme.seine-et-marne-attractivite.fr

Enfin, le **Comité régional du tourisme d'Île-de-France** regroupe des infos sur la destination Paris et sa région : visitparisregion.com

1
Hauts-de-Seine

Domaine départemental de la Vallée-aux-Loups

92290 Châtenay-Malabry
Ligne B (Robinson), puis bus 15 (George-Sand, Chateaubriand ou Arboretum)

Maison de Chateaubriand : 01 55 52 13 00 • Ouvert du mardi au dimanche
4 € ou 6 € (visite guidée) / TR : 3 ou 5 € (visite guidée)
Arboretum : 06 64 40 57 52 • Ouvert tous les jours • Gratuit
hauts-de-seine.fr

QUATRE LIEUX EN UN • C'est l'offre exceptionnelle de ce domaine de 56 hectares, situé en plein Châtenay-Malabry. Les amateurs de nature iront se ressourcer dans la paradisiaque île Verte, avec son petit étang, sa maison abandonnée et son jardin potager. Les amoureux des arbres, eux, auront une préférence pour l'Arboretum, riche de centaines d'espèces, tandis que les promeneurs iront se perdre dans les 36 hectares du bois, constitué de taillis et de futaies, avec de vastes clairières. Enfin, les passionnés de littérature ne manqueront pas de visiter la maison de Chateaubriand, où l'auteur a vécu une dizaine d'années et où l'on peut admirer un intérieur joliment arrangé, de nombreux documents relatifs à l'auteur des *Mémoires d'outre-tombe*, ainsi que des expositions temporaires.

Fondation Arp

21, rue des Châtaigniers, 92140 Clamart • Ligne C (Meudon-Val-Fleury)
puis 10 min à pied

01 45 34 22 63 • Ouvert du jeudi au dimanche, de 14h à 18h • 9 € / TR : 7 €

fondationarp.org

LE DADA DE JEAN • Le nom de Jean Arp, mort en 1966, n'a plus forcément le rayonnement dont il jouissait dans les années 1950-1960. Raison de plus pour aller visiter cette fondation qu'abrite ce qui fut la maison et l'atelier du sculpteur, créateur, parmi d'autres artistes, du mouvement Dada et membre satellite du surréalisme. C'est en 1929 qu'il emménagea à Clamart, à l'orée de la forêt de Meudon, dans cette étrange bâtisse aux formes cubiques, imaginée par son épouse, Sophie Taeuber-Arp. Une architecture d'apparence austère qui contraste singulièrement avec l'œuvre de Jean Arp, tout en courbes harmonieuses, sensuelles et oniriques. Cette œuvre, on l'observe un peu partout dans la maison, mais aussi dans le joli jardin qui lui sert d'écrin. On y découvre également le travail de Sophie Taeuber-Arp – dessins, collages, sculptures et mobilier –, qui dialogue de façon touchante avec celui de son mari.

Musée Rodin - Meudon

19, avenue Auguste-Rodin, 92190 Meudon • Ligne C (Meudon-Val-Fleury)

01 41 14 35 00 • Ouvert les vendredis, samedis et dimanches après-midi de 13h à 18h • 5 € / TR : 3 €

musee-rodin.fr

DANS L'INTIMITÉ D'UN GÉNIE • Rodin s'établit dès 1893 dans cette "villa" aux allures de petit château, située sur les hauteurs de Meudon, où il vécut et travailla jusqu'à sa mort, en 1917. L'intérieur de la maison en brique et en pierre permet de découvrir ce qui fut le cadre de vie du sculpteur. En contrebas, dans le grand parc, un musée installé dans une réplique du Pavillon de l'Alma de l'Exposition universelle de 1900 présente un ensemble de plâtres à partir desquels furent réalisés ses bronzes les plus célèbres – *Le Baiser*, son *Balzac*, les *Bourgeois de Calais* ou encore sa fameuse *Porte de l'Enfer*. C'est aussi dans le parc que se trouve sa tombe, près de celle qui fut sa compagne pendant plus de cinquante ans, Rose Beuret.

Le Cube

20, cours Saint-Vincent, 92130 Issy-les-Moulineaux
Ligne C (Gare-d'Issy) ou tram 2 (Les Moulineaux)

01 58 88 30 00 • Ouvert du mardi au samedi de 13h à 19h, jusqu'à 21h le jeudi.
Tarifs variables en fonction des manifestations et activités

lecube.com

PIONNIER DU NUMÉRIQUE • C'est en 2001 que ce Cube à l'architecture moderniste, tout en verre et en couleurs, a ouvert ses portes pour se consacrer entièrement à l'univers digital, sous ses formes les plus diverses. Les activités y sont multiples, tournées vers l'art, la création, mais aussi la pédagogie et l'information, s'adressant autant aux adultes qu'aux tout-petits. Plus de 200 ateliers, expositions et événements ouverts à tous y sont organisés chaque année. Le Cube se veut également espace de réflexion sur la société numérique d'aujourd'hui et de demain, une réflexion qui s'exprime à travers différents médias (notamment une web-TV au très riche programme) et des événements auxquels ont déjà participé des personnalités comme Étienne Klein, Cédric Villani ou Joël de Rosnay. Une réussite.

Domaine national de Saint-Cloud

1, avenue de la Grille-d'Honneur, 92210 Saint-Cloud • Métro 10 (Boulogne-Pont-de-Saint-Cloud), sortie Avenue du Maréchal-de-Lattre-de-Tassigny, puis traverser le pont de Saint-Cloud, ou T 2 (Parc-de-Saint-Cloud)

01 41 12 02 90 • Ouvert tous les jours à partir de 7h30
Accès gratuit (pour les piétons et véhicules non motorisés)

domaine-saint-cloud.fr

SAINT-CLOUD VERY MUCH • On n'en finit jamais d'épuiser les mille et une ressources de ce vaste territoire chlorophyllé de plus de 450 hectares. Il se découvre peu à peu, en fonction des saisons, de ses envies (marcher, courir, se balader à vélo...) et des sentiers qu'on emprunte. Le château, dont les premières pierres furent posées au XVIe siècle, n'est plus là. Mais l'histoire se dévoile à travers les jardins à la française et à l'anglaise qui côtoient forêts et grandes pelouses, ainsi que la fameuse Grande Cascade, ensemble unique de fontaines, bassins, cascades et autres jets. Spectaculaire ! Tout autant que la vue sur Paris, une des plus belles de la banlieue. Quant aux difficiles qui trouveraient le parc trop rectiligne ou trop fréquenté, les 600 hectares de forêt dense et vallonnée de Fausses-Reposes, au sud, feront plus que l'affaire.

Sèvres, Cité de la Céramique

2, place de la Manufacture, 92310 Sèvres
Métro 9 (Pont-de-Sèvres) ou tram 2 (Musée-de-Sèvres)

01 46 29 22 00 • Ouvert tous les jours sauf mardi et jours fériés
7 € / TR : 5 € et 18 € pour la visite commentée des ateliers

sevresciteceramique.fr

VAISSELLE D'EXCEPTION • Le musée national de Céramique, imposant bâtiment du début du XIXe siècle édifié face à la Seine, abrite l'un des plus importants ensembles de céramiques, tous pays et époques confondus. Sur deux niveaux, des milliers de pièces livrent un aperçu aussi vaste que spectaculaire de ce que l'homme est capable de faire en matière d'arts du feu. Et quelle passionnante leçon d'histoire ! Mais Sèvres n'est pas exclusivement tournée vers le passé et le patrimoine. La moitié de sa production est d'ailleurs dédiée à la création contemporaine. Des visites commentées des ateliers permettent de mieux saisir comment les céramistes de la manufacture, fidèles à des méthodes ancestrales, reproduisent des modèles anciens ou réalisent des œuvres foncièrement modernes. Façonnage, cuisson, émaillage, défournement et décoration : la céramique est un art vivant !

Parc nautique de l'île de Monsieur

4, rue de Saint-Cloud, 92310 Sèvres
Métro 9 (Pont-de-Sèvres) ou tram 2 (Musée-de-Sèvres) • 01 46 29 00 00

ile-de-monsieur.fr

COMME À STOCKHOLM • Ce fut autrefois une île, baptisée en l'honneur de Monsieur (Philippe d'Orléans, frère du roi Louis XIV). Elle servait de façade sur Seine au parc de Saint-Cloud et accueillait des fêtes nautiques dignes de Versailles. Rattachée à la terre ferme au début du XIXe siècle, cette bande de terre de 8 hectares a dû attendre 2007 pour trouver une nouvelle physionomie en même temps qu'une nouvelle fonction, devenant une petite base nautique vouée aux sports non motorisés – canoë, kayak, voile, canotage, aviron, paddle, etc. –, aux allures de port scandinave en miniature, avec son "deck" et ses pontons, et derrière, de petits bâtiments sur pilotis, rouges et bois à toiture grise. Dépaysant ! Tout comme le parc naturel situé dans son prolongement, avec sa prairie, sa pelouse, un éden miniature où une faune d'oiseaux et de petits mammifères a élu domicile.

Mémorial de l'Escadrille La Fayette

Parc de Villeneuve-l'Étang • Boulevard Raymond-Poincaré, 92430 Marnes-la-Coquette
Ligne L (Garches-Marnes-la-Coquette)

lafayetteescadrille.org

TOP GUN • Quelle surprise, lorsque l'on se trouve face à ce monument caché au milieu d'un joli parc ! Inauguré en 1928, il célèbre la mémoire de l'Escadrille La Fayette, unité créée en 1916 et constituée de pilotes américains qui se battirent sous l'uniforme français, avant même l'entrée en guerre des États-Unis en 1917. De facture Art déco, le mémorial se compose d'un spectaculaire arc central d'environ 25 mètres de haut. Il faut prendre le temps de déchiffrer les inscriptions gravées dans la pierre, avec les noms des pilotes, et d'admirer au sol cette tête d'Apache en mosaïque, emblème de l'escadrille. Au sous-sol, l'émotion gagne le visiteur : une crypte avec 68 sarcophages, un pour chacun des pilotes défunts, éclairée par 13 vitraux représentant les grands combats aériens de la Première Guerre mondiale – dont on découvre ici un épisode méconnu.

Château de Malmaison

Une journée pour flâner à **Rueil-Malmaison**

Accès : Ligne A (Rueil-Malmaison)

Difficile d'évoquer Rueil-Malmaison sans convoquer le souvenir de Napoléon Bonaparte et de Joséphine de Beauharnais, qui ont marqué la ville de leur empreinte. Ils ne vécurent pourtant que deux ans ensemble au **château de Malmaison**, qui fut aussi le siège du gouvernement sous le Consulat, avant d'aller s'installer à Saint-Cloud ! Transformé en musée en 1906, le château comporte plus de 25 salles richement meublées et décorées, une collection qui s'enrichit constamment, dans un magnifique parc de 6 hectares, témoin à plus d'un titre de l'intérêt que Joséphine portait à la nature.

C'est en ces lieux, où elle résidait depuis son divorce avec Napoléon, que Joséphine mourut en 1814. Son tombeau, un spectaculaire monument en marbre de Carrare, se trouve à Rueil-Malmaison, dans l'**église Saint-Pierre-Saint-Paul**. Cette même église, dont la façade rappelle beaucoup celle de la Sorbonne, à Paris, abrite le mausolée d'Hortense, fille de Joséphine de Beauharnais et reine consort de Hollande entre 1806 et 1810.

Église Saint-Pierre-Saint-Paul

Grâce au **musée d'Histoire locale de Rueil-Malmaison**, on peut en apprendre davantage sur l'évolution de la ville et sur ses habitants les plus prestigieux. On découvre encore des curiosités, comme cette collection de 1 600 figurines représentant la Grande Armée de Napoléon ou cette mystérieuse momie (qui a droit à sa salle) trouvée par des agents municipaux à l'occasion d'une collecte d'encombrants.

Rueil, ce sont en outre de très nombreux **espaces verts**, qui occupent plus de 20 % du territoire de la ville. De la forêt du domaine de Malmaison aux berges de la Seine, en passant par le parc des Impressionnistes, le parc naturel des Gallicourts ou le très zen et asiatique parc de l'Amitié, il y en a pour tous les goûts et toutes les envies !

Château de Malmaison • Avenue du Château-de-la-Malmaison, 92500 Rueil-Malmaison • 01 41 29 05 55 • musees-nationaux-malmaison.fr

Église Saint-Pierre-Saint-Paul • Place de l'Église, 92500 Rueil-Malmaison

Musée d'Histoire locale de Rueil-Malmaison • 6, rue Paul-Vaillant-Couturier, 92500 Rueil-Malmaison • 01 47 32 66 50

La Ferme du Bonheur

220, avenue de la République, 92000 Nanterre • Ligne A ou L (Nanterre-Université), traverser l'université, longer la Palissade des poètes (verte, jaune et rouge) jusqu'à une porte en bois et sonner

01 47 24 51 24 • Se renseigner avant de passer

lafermedubonheur.fr

UTOPIE EN MARCHE • Il faut la voir pour la croire, cette ferme pas comme les autres posée entre l'autoroute et les bâtiments du campus de Nanterre. Roger des Prés, son fondateur et son âme, s'est installé là il y a plus d'un quart de siècle, avec sa roulotte et son envie de créer un lieu d'agriculture et de culture différent. À force de volonté, il a transformé une friche oubliée en une manière d'institution parallèle, et l'on vient de loin pour les concerts, les représentations théâtrales, les spectacles de danse, les rencontres, projections, soirées électro et autres travaux d'agro-poésie organisés en permanence. Cela se passe dans la grande grange ou ailleurs, à deux pas de la bergerie, de la porcherie, de la basse-cour ou de l'étable – voire de l'étonnant corbillard, sorti de nulle part.

Pavillon Vendôme

2, rue du Guichet 92100 Clichy
Métro 13 (Mairie-de-Clichy)

01 47 15 31 61 • Ouvert tous les jours sauf dimanche et jours fériés • Gratuit

clichy-tourisme.fr

ÉCRIN D'ART ET DE VERDURE • À l'origine, à la fin du XVIIe siècle, il y a la maison que se fait construire un banquier parisien. La bâtisse s'agrandit au siècle suivant pour devenir un luxueux pavillon de chasse. Autour, la ville de Clichy a pris ses quartiers – de façon parfois un peu anarchique. Le pavillon Vendôme, lui, est toujours là. Après d'importants travaux de restauration, il a rouvert en 2013 et offre un magnifique écrin à diverses expositions – d'art contemporain pour les temporaires, et d'histoire locale pour les permanentes – réparties sur deux niveaux. Le bâtiment abrite aussi l'office du tourisme, où l'on fera le plein d'idées pour continuer sa découverte de Clichy et de ses environs. L'un des autres atouts majeurs du lieu est son joli jardin – à fréquenter de préférence aux beaux jours, pour s'y promener et déguster au calme d'excellentes glaces artisanales achetées chez Domenico, dans la rue du Landy voisine.

Fontaine monumentale, de Yaacov Agam

Une journée pour flâner à La Défense

Accès : Métro 1 (La Défense et Esplanade-de-la-Défense)
Ligne A (La Défense-Grande-Arche) • Lignes L et U (La Défense-Grande-Arche)
Tram 2 (La Défense-Grande-Arche ou Faubourg-de-l'Arche)

Rares sont les Franciliens qui ont la curiosité de visiter en touristes ce quartier, où il y a pourtant fort à voir et à faire.

Prenons tout de suite de la hauteur pour rejoindre la **Grande Arche** et sa **terrasse** rouverte en 2017, avec le spectacle panoramique sur Paris et ses environs (point de vue parfait pour suivre le tracé de la voie royale jusqu'au Louvre), mais aussi un restaurant et un musée de plus de 1 000 m² consacré au photojournalisme.

De là-haut (110 mètres), on a pu remarquer certaines des **sculptures** et **installations** qui ponctuent ce territoire de 160 hectares. Il s'agit d'un véritable musée à ciel ouvert, lequel compte environ 70 œuvres, signées par 50 artistes du monde entier, comme Calder, Miró, César ou Richard Serra... sans oublier *La Défense de Paris* (1883) de Louis-Ernest Barrias, qui a donné son nom au quartier.

Quartier qui, de plus, est un **musée architectural** : une centaine de tours et d'immeubles, de tous les styles et de toutes les époques – des premières tours, comme la tour Initiale (anciennement tour Nobel, 1967) aux plus récentes, encore en chantier pour certaines. La plus haute, et la plus haute de France, est pour l'instant la tour First (bâtie en 1974, puis rénovée entre 2007 et 2011).

À La Défense, on peut aussi faire son **marché** sur le parvis, se régaler dans un des nombreux food-trucks présents au déjeuner (en attendant l'immense *food court* de 4 500 m² prévu pour la fin de l'année 2019), jouer à la pétanque, s'essayer à l'agriculture urbaine dans un jardin partagé, profiter du soleil dans un des nombreux espaces verts, découvrir un spot de culture et de travail "underground" (L'Alternatif, niveau - 3)... et beaucoup d'autres choses encore.

Pour tous renseignements, guides, plans et conseils : **Espace Info Défense**, 15, place de La Défense, 92400 Courbevoie • 01 47 74 84 24 • parisladefense.fr

Toit de la Grande Arche : 1, parvis de la Défense • 92044 Paris La Défense Cedex
Ouvert tous les jours de 10h à 19h • 01 40 90 52 20 • www.lagrandearche.fr

La Promenade Bleue, de Colombes à Rueil-Malmaison

92700 Colombes • Aller avec le tram 2 (Pierre-Lagravère)

92500 Rueil-Malmaison • Retour avec la ligne A (Rueil-Malmaison)

DE SURPRISE EN SURPRISE • La Promenade Bleue épouse le tracé des anciens chemins de halage et longe la Seine entre Colombes et Rueil-Malmaison. Promeneurs, marcheurs, cyclistes et coureurs s'y croisent dans un décor qui fait oublier la ville, alors qu'on est en plein territoire urbain, parfois même industriel. À presque mi-parcours, les 14 hectares du parc du Chemin-de-l'Île permettent une pause aussi agréable que rafraîchissante, grâce à un arrangement étonnant de pelouses, de pontons au bord de l'eau, de grandes prairies, de bassins et de jardins aquatiques. Un peu plus loin, une spectaculaire passerelle est l'occasion de franchir la darse du port de Nanterre (surprise !). À une poignée de kilomètres, nouvelle pause verte : le parc des Impressionnistes, à Rueil-Malmaison, inspiré en particulier par les jardins de Monet à Giverny.

Parc de Bécon

156, boulevard Saint-Denis, 92400 Courbevoie • Métro 3 (Pont-de-Levallois-Bécon), ligne L (Bécon-les-Bruyères) • Ouvert tous les jours

Musée Roybet-Fould, ouvert du mercredi au dimanche • Visite du Pavillon des Indes (un samedi sur deux) sur réservation téléphonique uniquement au 01 71 05 77 92

BELLE VUE ET JOLIES PEINTURES • Hélas, le château du XVIIIe siècle qui s'élevait ici a été détruit dans les années 1950... Pour se consoler, il reste l'escalier monumental et la terrasse, de laquelle on jouit d'une vue imprenable sur Paris, mais aussi deux vestiges de l'Exposition universelle de 1878, situés chacun à une extrémité du parc. D'un côté, l'étonnant Pavillon Suède-Norvège, dont les deux chalets en pin rouge abritent aujourd'hui le musée Roybet-Fould et sa jolie collection de peinture XIXe. De l'autre côté, se dresse le Pavillon des Indes, coiffé de coupoles et de bulbes caractéristiques du style orientaliste de la fin du XIXe siècle, avec, là encore, un magnifique point de vue sur la capitale.

Cimetière des Chiens

4, pont de Clichy, 92600 Asnières-sur-Seine
Métro 13 (Gabriel-Péri-Asnières-Genevilliers) ou lignes J ou L (Asnières-sur-Seine)

01 40 86 21 11 • Ouvert tous les jours sauf le lundi et jours fériés • 3,50 €

TOUCHANT • Dès le portail d'entrée Art nouveau de cette nécropole animale située en bord de Seine, les surprises abondent. La première : il n'y a pas que des chiens au cimetière des Chiens ; ici, on honore aussi le souvenir de chats, d'oiseaux, de lapins, de hamsters, de poissons, de chevaux – et même celui d'un lion et d'un singe batpisé Kiki. Les tombes, souvent toutes simples, laissent parfois la place à des caveaux ou à des monuments. Il faut prendre le temps de lire les plaques, qui révèlent la force inouïe de l'attachement qu'un maître peut éprouver pour son animal disparu. Et si le cimetière fait la part belle aux anonymes, il a pourtant ses vedettes : des chiens acteurs, comme le fameux Rintintin ; des animaux de célébrités (de Sacha Guitry à Michel Houellebecq, en passant par Alexandre Dumas) ; des héros, tel Barry, ce saint-bernard qui aurait sauvé la vie à des dizaines de personnes...

SUR LES ÎLES DE LOISIRS FRANCILIENNES

On les appelait autrefois “bases de plein air et de loisirs” ; ce sont désormais des “îles de loisirs”. Elles sont douze en Île-de-France, présentes dans tous les départements : quatre en Seine-et-Marne, trois dans les Yvelines, deux dans l'Essonne, une en Seine-Saint-Denis, une dans le Val-de-Marne et une dans le Val-d'Oise. Chacune a son identité, puisqu'elles sont aménagées en fonction d'une géographie particulière – un ou plusieurs plans d'eau, une forêt, un fleuve, des marais. Elles sont plus ou moins grandes, de 62 hectares pour la Corniche des Forts (93) à 600 hectares pour la base de Saint-Quentin-en-Yvelines (78). On peut à peu près tout y faire en matière de loisirs et de sports, le plus souvent gratuitement, et depuis quelques années la culture s'y invite aussi, à travers des projections de films ou des expositions itinérantes d'art contemporain. Cerise sur le gâteau : à deux exceptions près, elles sont toutes accessibles par les transports en commun.

ilesdeloisirs.iledefrance.fr

2

Seine-Saint-Denis

Puces de Saint-Ouen

Rue des Rosiers, 93400 Saint-Ouen
Métro 4 (Porte-de-Clignancourt) ou 13 (Garibaldi)

Ouvert les samedis, dimanches et lundis • Visite guidée le 3e dimanche du mois à 14h30 (sur inscription, départ de l'office de tourisme de Plaine Commune, 124, rue des Rosiers)

marcheauxpuces-saintouen.com • tourisme-plainecommune-paris.com

LA CHINE, C'EST CHIC • On n'a jamais fait le tour de ce vaste territoire de plus de 10 hectares, avec sa quinzaine de marchés – connus, comme Serpette ou Dauphine, ou plus confidentiels, comme Antica ou le Marché de l'Entrepôt – et les milliers de commerçants qui le font vivre – des biffins aux antiquaires du marché Biron. D'autant que, depuis quelques années, à l'image de la ville qui les accueille, les Puces ne cessent de s'ouvrir à de nouvelles expériences : galeries d'art contemporain, concerts de jazz manouche, restaurant décoré par Philippe Starck (Ma Cocotte) et même un hôtel cool et design (le MOB hôtel) à proximité… L'office de tourisme de Plaine Commune propose chaque dimanche des visites guidées, une façon originale de découvrir ce petit monde.

Murs à Pêches de Montreuil

Impasse Gobétue (au niveau du 25, rue Saint-Just), 93100 Montreuil
Ligne 9 (Mairie-de-Montreuil), puis 15 min à pied

01 70 94 61 30 • Visites le week-end,
payantes ou gratuites selon les organisateurs

federationmursapeches.jimdo.com • jardin-ecole.com/newsitejardin-ecole

ÇA DONNE LA PÊCHE ! • Réalité, légende, ou mélange des deux, l'histoire de ces murs à pêches fait rêver ! Créés au XVIIe siècle, ils donnèrent des fruits d'une qualité et d'un calibre tels – des pêches de 400 grammes ! – qu'ils se retrouvèrent à la table de Louis XIV. On comptait des centaines de kilomètres de ces murs recouverts de plâtre, qui avaient la propriété d'emmagasiner toute la chaleur du soleil et de la communiquer aux pêchers qu'on faisait pousser contre eux selon la technique du palissage à la loque. Mieux qu'au sud de la Loire ! Cela vous intrigue ? Courez assister aux visites organisées dans le quartier des Murs à Pêches. Des passionnés vous feront découvrir un territoire labyrinthique aux allures de jardin d'Éden, miraculeusement préservé de l'urbanisme.

La Fabrique de la Ville

Une journée pour flâner à
Saint-Denis

Accès : 93200 Saint-Denis • Tram 1, 5 ou 8, métro 12 (Front-Populaire) ou 13 (Saint-Denis-Université, Basilique-de-Saint-Denis, Saint-Denis-Porte-de-Paris, Carrefour-Pleyel), ligne B (La Plaine-Stade-de-France), ligne D (Saint-Denis et Stade-de-France-Saint-Denis), ligne H (Saint-Denis)

Limitrophe de Paris, Saint-Denis est l'une des villes les plus peuplées d'Île-de-France. Outre son illustre basilique et le Stade de France, la cité dyonisienne recèle d'autres centres d'intérêt qui justifient une visite. Petite sélection.

Le **musée d'Art et d'Histoire de Saint-Denis** est le meilleur moyen de découvrir la richesse historique de la ville. Installé dans un ancien carmel, qui vaudrait à lui seul le détour, il présente une vaste collection, pleine de surprises, comme cette apothicairerie digne d'un cabinet de curiosités. Et les petits jardins aménagés ici et là sont des oasis de sérénité.

La Fabrique de la Ville est une ancienne maison du XVe siècle, modifiée au fil des siècles suivants, que les archéologues urbains ont pour ainsi dire

Parc de la Légion d'Honneur

désossée. Le squelette de la maison ainsi exposé permet de comprendre son histoire, mais aussi celle du centre ancien de Saint-Denis.

Le **marché** (qui se tient les mardis, vendredis et dimanches matin) n'inspire pas l'ennui. La foule est au rendez-vous, d'une diversité semblable à celle des centaines d'exposants qui proposent des produits du monde entier. Du Portugal aux Antilles, en passant par le Maghreb, l'Afrique subsaharienne, la Chine ou la Bretagne...

Et pour se convaincre que Saint-Denis respire, rien de mieux qu'une promenade dans le **parc de la Légion d'honneur**, ancien parc de l'abbaye de Saint-Denis. Pas moins de 7 hectares, avec de grandes pelouses, des massifs de fleurs, de nombreux arbres, des buttes pour prendre de la hauteur et des petits coins secrets pour faire le plein de chlorophylle au calme.

Musée d'Art et d'Histoire de Saint-Denis • 22 bis, rue Gabriel-Péri • 01 83 72 24 55 • musee-saint-denis.fr

La Fabrique de la Ville • 4, rue du Cygne • 01 83 72 23 20

Parc de la Légion d'honneur • Rue Pinel ou boulevard Paul-Vaillant-Couturier

Office de tourisme de Saint-Denis Plaine Commune • 1, rue de la République • 01 55 87 08 70

Musée de l'Air et de l'Espace

Aéroport de Paris-Le Bourget • 3, esplanade de l'Air et de l'Espace, 93350 Le Bourget
Métro 7 (La Courneuve), puis bus 152 (Musée-de-l'Air-et-de-l'Espace)

01 49 92 70 00 • Ouvert tous les jours sauf le lundi • Gratuit pour la collection permanente, et de 9 € à 21 € / TR : de 7 € à 17 €

museeairespace.fr

À LA CONQUÊTE DU CIEL • Cette collection, une des plus importantes au monde, saura enthousiasmer les plus blasés. Ce n'est pas partout qu'on peut monter à bord d'un Concorde comme d'un Boeing 747, qu'on visitera intégralement – jusqu'aux soutes. En tout, ce sont des centaines d'objets volants qui s'exhibent dans les gigantesques halls et retracent sur 18 000 m² une bonne partie de l'histoire de l'aviation, depuis les montgolfières du XVIIIe siècle jusqu'aux appareils d'aujourd'hui, avec entre les deux d'anciens coucous comme la *Demoiselle* de Santos-Dumont ou le *Vieux Charles* de Georges Guynemer. De nombreuses animations sont proposées aux plus jeunes, tandis qu'un restaurant permet de déjeuner à quelques mètres du 747. Le musée a dignement fêté son centenaire en inaugurant sa grande galerie, plus spectaculaire que jamais après cinq années de travaux.

Gagosian Gallery - Le Bourget

26, avenue de l'Europe, 93350 Le Bourget
Bus 350 (Lénine), métro 7 (La Courneuve-8-Mai-1945)

01 48 16 16 47 • Ouvert du mardi au samedi, de 11h à 18h

gagosian.com

GRAND PARIS HYPE • L'Américain Larry Gagosian possède une quinzaine de galeries à travers le monde – à New York, Rome, Genève, Hong Kong, Paris... et, surprise ! au Bourget, dans une zone d'activité industrielle, au bord ou presque des pistes de l'aéroport. Cette proximité permet à ses clients les plus fortunés de venir en jet privé... La galerie se trouve dans un vaste bâtiment des années 1950, où s'exposent sur plus de 1 500 m² sculptures, peintures et installations "XXL". Ce vaste espace repensé par Jean Nouvel vaut à lui seul le déplacement. Il offre un cadre d'exception à des expositions tout aussi exceptionnelles, tant par l'importance des pièces montrées que par le patronyme de leurs auteurs – citons Anselm Kiefer, Chris Burden, Jeff Koons ou Alexander Calder.

TRÉSORS DU PATRIMOINE INDUSTRIEL DU 93

La chose aurait fait sourire il y a quelques décennies. Aujourd'hui, le patrimoine industriel est pris au sérieux : quand ils ne sont plus en activité, les témoins de l'histoire économique d'un territoire sont préservés, restaurés ou réaffectés, et constituent désormais un véritable atout touristique, au même titre qu'un château ou un musée. Comme les autres départements d'Île-de-France, la Seine-Saint-Denis met en valeur ce patrimoine, lequel montre assez clairement les deux vagues d'industrialisation qu'a connues le 93, l'une au XIXe siècle (dans les années 1860-1870) et l'autre des années 1880 aux années 1930. Quelques exemples ? La manufacture Christofle à Saint-Denis (1865), les Magasins Généraux de la Plaine-Saint-Denis (1866), l'ancienne manufacture d'allumettes d'Aubervilliers (1872-1902), les établissements Johnson à La Courneuve (1907), les Grands Moulins de Pantin (1920) ou l'imprimerie de L'Illustration à Bobigny... occupée désormais par les étudiants de Paris-XIII. Pour connaître toutes ces curiosités et vous inscrire à des visites, renseignez-vous auprès du comité départemental du tourisme de Seine-Saint-Denis.

tourisme93.com

Ancienne manufacture Christofle, à Saint-Denis

Parc départemental du Sausset

Route Camille-Pissaro, 93420 Villepinte et 93600 Aulnay-sous-Bois
Ligne B (Villepinte)

01 71 29 20 80 • Ouvert tous les jours (l'après-midi uniquement pour la Maison du parc)

SI LOIN, SI PROCHE… • C'est pratique : la gare se trouve au beau milieu de cet immense parc de 200 hectares, joli pied-de-nez à ceux qui s'imaginent que le "neuf-trois" n'est qu'un vaste territoire bétonné. Pour en profiter vraiment, le mieux est de s'équiper d'un plan. On peut alors partir à la découverte des innombrables ressources de ce quadrilatère de verdure sillonné par quantité de chemins et d'allées : sa forêt, ses prairies, ses vignes, son étang, son marais, son bocage et ses cultures, son labyrinthe naturel, ses aires de jeux pour les enfants, etc. Un parcours de 7 kilomètres a été balisé pour les amateurs de marche, une belle promenade aux allures de randonnée, au cours de laquelle on rencontre toutes sortes de petits animaux, au premier rang desquels les lapins. On en oublierait la proximité du RER B et de l'A1…

Galerie Thaddaeus Ropac - Paris Pantin

69, avenue du Général-Leclerc, 93500 Pantin
Ligne E (Pantin) ou métro 5 (Église-de-Pantin), puis bus 249 (Delizy)

01 55 89 01 10 • Ouvert du mardi au samedi, de 10h à 19h

ropac.net

PANTIN, NOUVEAU BROOKLYN ? • Peut-être pas, mais la ville change, indéniablement. Un des exemples les plus spectaculaires de cette évolution, est la galerie Thaddaeus Ropac, située à 5 minutes à pied du très branché canal de l'Ourcq. L'Autrichien est venu investir fin 2012 le site de près de 5 000 m² d'une grande chaudronnerie du XIXe siècle, réhabilitée pour l'occasion. Le point d'orgue est évidemment le bâtiment principal, avec ses quatre salles d'exposition aux allures de nefs de cathédrale, avec éclairage zénithal, murs blancs et des hauteurs sous plafond de 7 à 12 mètres. Le cadre rêvé pour apprécier les œuvres parfois monumentales dont sont coutumiers nombre d'artistes défendus par Ropac, de Georg Baselitz à Tony Cragg en passant par Gilbert & George ou Anselm Kiefer. Le public ne s'y trompe pas : les expositions organisées à Pantin attirent tous les ans plusieurs dizaines de milliers de curieux et d'amateurs d'art.

Le canal de l'Ourcq à vélo

93270 Sevran, 77410 Claye-Souilly

Location de vélos auprès de l'AICV : 38 bis, quai de la Marne, 19e
Métro 5 (Ourcq) ou métro 7 (Crimée)

01 43 43 40 74 • Ouvert tous les jours sauf le lundi (fermé aussi le dimanche pendant l'hiver) • Location d'un vélo : 15 € la journée

EXPLORATION SUR DEUX-ROUES • Vous avez le choix entre 30 et 55 kilomètres, aller-retour, pour une longue balade à vélo de 4 à 8 heures le long du canal de l'Ourcq. La première formule, plus courte, bénéficie d'une piste presque entièrement bitumée : elle est tout public. La seconde est plus longue et emprunte des voies moins évidentes, avec quelques côtes : elle est réservée aux courageux. Dans les deux cas, la sortie de Paris et la traversée de la proche banlieue sont étonnantes, très urbaines, confrontant les cyclistes à tous les styles architecturaux, à des ensembles industriels, à des voies ferrées, des autoroutes, mais aussi à des espaces verts, dont les 137 hectares du beau parc de la Poudrerie, final de la première promenade. Ceux qui poursuivront se retrouveront dans un paysage rural revigorant, entre champs et forêt, qui se déroule jusqu'à Claye-Souilly. Retour possible par le train…

Passer son permis bateau à Pantin

Paris Nautique • 4 bis, rue Lakanal, 93500 Pantin • Métro 5 (Église de Pantin)

01 48 10 36 77 • Stages les jeudi, vendredi, samedi et dimanche
À partir de 555 € pour une formation permis fluvial

paris-nautique.com/bateau-ecole-pantin.html

LES PETITS RUISSEAUX... • Passer son permis bateau ? Et pourquoi pas ? Comme pour le permis voiture, il y a le "code", la "conduite", et avant de se présenter à l'examen, on fait son apprentissage dans une "bateau-école". La référence en la matière c'est Paris Nautique, qui aide les marins à acquérir le sésame. Les cours sont dispensés à Bastille, à Saint-Cloud, à Lagny-sur-Marne... ou à Pantin. Cours théoriques, mais aussi pratiques, sur des rivières et plans d'eau situés à proximité. À Pantin, cela a lieu sur le bassin et le canal de l'Ourcq, un environnement paisible qui permet de prendre ses marques sans stress et en toute sécurité. Une fois le permis fluvial en poche, qui permet de piloter sur n'importe quelle rivière un bateau de plaisance de moins de 20 mètres, c'est une nouvelle aventure qui commence – sur la Seine, la Marne, l'Oise, mais aussi le Loing, l'Yonne et l'Ourcq, bien sûr.

La Montreuilloise

97, rue Pierre de Montreuil, 93100 Montreuil • Métro 9 (Mairie-de-Montreuil) ou lignes A et E (Val-de-Fontenay), puis bus 122 (Nouvelle France)

Sessions le samedi de 9h à 13h (4 heures) • 150 €

la-montreuilloise.com

NECTAR LOCAL • La bière a le vent en poupe. Et le vent souffle particulièrement en région parisienne, où des micro-brasseries ouvrent chaque jour ou presque. Créée en 2014, La Montreuilloise est l'une des stars de la région. Elle a investi les murs d'une vieille usine du XIXᵉ siècle, tout près du fameux quartier des murs à pêches, et présente une dizaine de références, artisanales et bios. Elle propose en outre des ateliers qui permettent aux amateurs de découvrir les étapes de la fabrication d'une bière, d'acquérir les bases théoriques du brassage et de confectionner la bière de leur choix : blanche, blonde, ambrée, brune, etc. Une fois le "brassin" réalisé, on attend deux semaines, et l'on vient récupérer 24 bouteilles de 75 cl de sa propre bière – à laisser fermenter un mois en cave avant dégustation. Un plaisir à savourer avec ou sans modération.

3 Val-de-Marne

Stand-up paddle à Joinville-le-Pont

Quai Gabriel-Péri, 94340 Joinville-le-Pont • Ligne A (Joinville-le-Pont), rejoindre la Marne, traverser le pont de Joinville et descendre sur la droite, vers le quai Gabriel-Péri

06 08 25 74 91 • Les samedis et dimanches, différents horaires selon le niveau (débutants ou pratiquants) • 29 € la séance d'initiation, 55 € l'inscription annuelle

legrandhuit.eu/fr

PRATIQUE EXOTIQUE • C'est ça, la mondialisation : pouvoir pratiquer à vingt minutes de Paris un sport né à Hawaï, dans les eaux du Pacifique ! Le stand-up paddle (SUP pour les intimes) consiste à se tenir sur une grande planche de surf et à ramer à l'aide d'une pagaie. L'activité, en plein boum depuis quelques années, permet de faire de longues promenades, tout en travaillant équilibre et gainage. Le spot de Joinville-le-Pont est idéal pour ceux qui voudraient s'initier : pas de requins ni de vagues de 3 mètres, mais une eau paisible où effectuer ses premiers pas, avant de se lancer dans un périple de presque deux heures – le temps de tourner autour de l'île Fanac, puis de suivre le canal de Polangis, bordé de verdure et de jolies maisons...

Asinerie Francilianes

86, rue des Bordes, Parc départemental, 94430 Chennevières-sur-Marne
Ligne A (Sucy-Bonneuil) ou ligne E (Villiers-sur-Marne-Le Plessis Trévise), puis bus 308 (Lycée-Champlain)

06 61 59 12 12 • Parc départemental ouvert tous les jours, visites guidées de l'asinerie de janvier à août • 6 € pour la visite guidée

francilianes.fr

ONGUENT LÉGENDAIRE • Vous êtes ici dans la seule asinerie de toute l'Île-de-France. Pourquoi un élevage d'ânesses ? Mais pour le lait, pardi ! Tout le monde a entendu parler des bains de Cléopâtre au lait d'ânesse… Riche en vitamines, en oligo-éléments et en acides gras poly-insaturés, il hydrate l'épiderme, nourrit et régénère les tissus, ralentit le vieillissement de la peau. Rien que ça ! Dans cette ferme située au sein du parc départemental des Bordes de Chennevières, on fait bien les choses, puisque la production est certifiée bio. En venant visiter la ferme, vous pourrez approcher les ânes et leurs bébés, les caresser et assister à une démonstration de traite. Les plus lactocompatibles ont la possibilité de goûter au breuvage, et même d'en acheter à la boutique, où sont également proposés les produits de beauté maison.

Les îles de Créteil

94000 Créteil • Métro 1 (Château-de-Vincennes), puis bus 108 (Pont-de-Créteil), à Saint-Maur-des-Fossés, traverser le pont sur la gauche et prendre sur la droite, au niveau de la pancarte "Domaine Sainte-Catherine"

POÉSIE INSULAIRE • L'île Brise-Pain, l'île de la Gruyère, l'île Sainte-Catherine et l'île des Ravageurs... Quatre îles de la Marne qui n'en font qu'une, et dont beaucoup de Cristoliens (les habitants de Créteil) ignorent jusqu'à l'existence. Il faut dire qu'on n'a pas du tout l'impression d'être en ville quand on parcourt la longue allée centrale qui les traverse tour à tour dans le sens de la longueur. Chacune des îles a son identité et ses attraits. Celle des Ravageurs possède un parc boisé. Sur Sainte-Catherine, ce sont le calme et le silence qui frappent, ainsi que la végétation luxuriante et les habitations, où l'ancien cohabite avec l'ultracontemporain. Un peu moins paisible, Brise-Pain héberge le Domaine Sainte-Catherine, qui fut l'une des guinguettes de Créteil. Plus de guinguette aujourd'hui, mais une cuisine traditionnelle à savourer au bord de la Marne, à l'ombre des arbres du jardin...

Musée de l'École nationale vétérinaire d'Alfort - Musée Fragonard

7, avenue du Général-de-Gaulle, 94700 Maisons-Alfort • Métro 8 (École-Vétérinaire-de-Maisons-Alfort), ligne D (Maisons-Alfort-Alfortville), bus 24, 103, 104, 107, 125, 78 et 325 (École-Vétérinaire) • 01 43 96 71 00 • Ouvert les mercredis, jeudis, samedis et dimanches de 14h à 18h, fermé en août • 8 €, gratuit pour les moins de 26 ans

musee.vet-alfort.fr

SUBLIME ET EFFRAYANT • C'est l'un des plus anciens musées de France, puisqu'il fut à l'origine une espèce de cabinet de curiosités médicales créé en 1766 par Claude Bourgelat. Au-delà de cet intérêt historique, on vient ici du monde entier pour admirer une collection unique de milliers de pièces présentées pour la plupart dans d'impressionnantes vitrines. Squelettes, moulages et bocaux au contenu parfois inquiétant remplissent du sol au plafond les quatre salles rythmant la visite : la salle d'anatomie comparée et de tératologie (à déconseiller aux plus sensibles), la salle des squelettes, la salle de pathologie… et, enfin, derrière une lourde porte, le cabinet de curiosités où sont conservées les vedettes du musée, les *Écorchés* d'Honoré Fragonard (le cavalier, l'homme à la mandibule, les fœtus humains…), magnifiquement mis en scène.

Jardin d'Agronomie tropicale de Paris

Une journée pour flâner au **Bois de Vincennes**

Accès : Voir détail en fin de notice

Avec presque 1 000 hectares, il est le plus grand espace vert de Paris. Un petit monde en soi, dont on n'a jamais fini de découvrir les richesses. Voici quatre façons de l'aborder un peu différemment.

La plus secrète : le **jardin d'Agronomie tropicale de Paris**, créé en 1899 pour des recherches sur les végétaux exotiques. En 1907, le site accueillit cinq “villages” de l'Exposition coloniale – indochinois, malgache, congolais, ferme soudanaise et campement touareg. Oubliés de la foule, les vestiges du jardin et du village sont aujourd'hui un merveilleux terrain d'exploration pour les amateurs d'exotisme, de poésie et d'insolite.

La plus culturelle : la **Cartoucherie** dont le site fut... une cartoucherie. Aujourd'hui, cet ensemble de bâtiments érigés sous Napoléon III est dédié à l'art vivant. Quatre théâtres (dont le fameux Théâtre du Soleil, d'Ariane Mnouchkine), deux ateliers de danse et de théâtre composent un lieu unique par son projet, son fonctionnement et sa programmation exigeante.

Lac Daumesnil

La plus aquatique : de la **barque** sur l'un des lacs du Bois – le lac Daumesnil est le plus grand, mais le lac des Minimes est le plus paisible, un peu à l'écart et bordé par endroits d'une abondante végétation.

La plus festive et spirituelle : la **Grande Pagode du bois de Vincennes**, construite à partir de deux des vestiges de l'Exposition coloniale de 1931, le pavillon du Cameroun et celui du Togo. Elle abrite le plus haut bouddha d'Europe. Et, dans l'enceinte de 8 000 m², se trouve le temple bouddhiste tibétain de Kagyu-Dzong.

Jardin d'Agronomie tropicale de Paris • 45 bis, avenue de la Belle-Gabrielle, 75012 Paris • Ligne A (Nogent-sur-Marne), puis 10 minutes à pied • equipement.paris.fr

Cartoucherie • Route du Champ-de-Manœuvre, Bois de Vincennes, 75012 Paris • Métro 1 (Château-de-Vincennes), puis navette avant et après les spectacles, ou bus 112 (Cartoucherie), ou 20 minutes à pied • cartoucherie.fr

Grande Pagode de Vincennes • 40 bis, route de Ceinture-du-Lac-Daumesnil, 75012 Paris • Métro 8 (Porte-Dorée ou Liberté) ou tram 3a (Porte-Dorée)

Crédac

La Manufacture des Œillets • 1, place Pierre-Gosnat, 94200 Ivry-sur-Seine
Métro 7 (Mairie-d'Ivry) ou ligne C (Ivry-sur-Seine, sortie Centre ville)

01 49 60 25 06 • Ouvert du mercredi au vendredi de 14h à 18h, les samedis et dimanches de 14h à 19h • Gratuit

credac.fr

OUVERT À TOUS LES COURANTS • Centre de recherche, d'échange et de diffusion pour l'art contemporain : c'est le sens de ce drôle de nom, Crédac, qui en dit long sur l'activité et la mission du centre en question. Recherche avec des expositions, personnelles ou collectives, d'artistes émergents ou confirmés, français ou étrangers, représentatifs de toutes les pratiques : peinture, photographie, vidéo, son, graphisme, sculpture, installation, performance… Échange avec une entrée libre pour tous, ainsi que des ateliers et des rencontres… Et pour ne rien gâter, le centre s'est récemment fixé au 3e étage d'un beau bâtiment de brique et d'acier (de 1913), entièrement vitré, au sein de la Manufacture des Œillets, ancien ensemble de transformation métallurgique qui a trouvé une nouvelle vie et accueille désormais un théâtre, une école d'arts graphiques, des lofts… et le Crédac.

Maison de la photographie Robert-Doisneau

1, rue de la Division-du-Général-Leclerc, 94250 Gentilly
Ligne B (Gentilly), bus 57, V5 (Division-Leclerc), tram 3a (Stade Charléty)

01 55 01 04 86 • Ouvert de 13h30 à 18h30 du mercredi au vendredi, et de 13h30 à 19h les samedis et dimanches. Fermé les jours fériés • Gratuit

Facebook : Maison de la Photographie Robert Doisneau

OUVRIR LES YEUX • Non, l'illustre photographe Robert Doisneau n'a pas habité ici, dans cette belle maison. En revanche, il est bel et bien né à Gentilly, en 1912, et y a passé une grande partie de son enfance. La bâtisse qui porte aujourd'hui son nom est l'une des plus anciennes de Gentilly, édifiée par les jésuites au XVIIIe siècle. C'est à présent un lieu dédié à cette photographie dite humaniste que Doisneau développa tout au long des soixante années de sa carrière. Depuis 1996, l'endroit accueille tous les ans quatre expositions, dépassant les frontières de l'Hexagone et ne s'arrêtant pas à la notoriété des artistes. Fort d'un riche programme de visites, d'ateliers et d'activités éducatives, l'établissement défend particulièrement sa mission d'apprentissage auprès des jeunes. De quoi voir le monde, comme la photographie, d'un œil différent.

Street art à Vitry-sur-Seine

94400 Vitry-sur-Seine • Ligne B (Vitry-sur-Seine)

vitry94.fr

GRAF AND CO • Vitry, capitale française (peut-être même mondiale) du street art ? C'est ce qui se dit. Pour se faire un avis, le mieux est d'aller sur le terrain et de constater par soi-même, dans les rues de la ville. C'est en 2009 que le phénomène a vraiment pris de l'ampleur, quand le pochoiriste C215 s'y est installé et a commencé d'y intervenir, vite imité par d'autres artistes, tandis que la municipalité faisait appel à des talents du monde entier. Le résultat, c'est un véritable musée à ciel ouvert, possédant aujourd'hui au moins 120 œuvres "officielles" (sans compter les autres, on passe alors à plusieurs centaines). Graffiti, pochoir, collage, affiche, mosaïque, sticker... toutes les techniques sont représentées, dans tous les formats, tous les styles et sur des supports variés. Des visites guidées et une carte interactive permettent de découvrir de façon assez exhaustive cet art de la rue.

Marché international de Rungis

94150 Rungis • Rdv pour les visites place Denfert-Rochereau
Ligne B (Denfert-Rochereau)

Visites guidées tous les vendredis • 85 €

visiterungis.com

À VISITER AU PETIT MATIN • Il est 4 heures du matin. Direction Rungis, cette ville dans la ville où les chiffres donnent le vertige. Onze bâtiments répartis sur 66 hectares, où produits de la mer, viandes, fruits, légumes et fleurs sont acheminés au quotidien par 26 000 véhicules en provenance de toute l'Europe. Chaque année, ce sont presque 2 millions de tonnes de produits alimentaires qui transitent ici, mais aussi 18 millions de plantes en pot et 34 millions de bottes de fleurs coupées. Les 12 000 personnes qui travaillent sur place ne sont pas de trop ! La visite guidée de trois heures fournit un aperçu des pavillons de la marée, de la viande, des produits laitiers, des fruits et légumes et des fleurs coupées. Après ce marathon, le brunch terroir – sur le coup des 7h30 – sera le bienvenu !

4 Essonne

Propriété Caillebotte

8, rue de Concy, 91330 Yerres • Ligne D (Yerres), puis 15 min à pied

01 80 37 20 61 • Jardins ouverts tous les jours • Gratuit
Visite guidée de la maison : 8 € (10 € avec les expositions temporaires)
Gratuit pour les moins de 16 ans

proprietecaillebotte.com

FANTAISIE INSPIRANTE • Gustave Caillebotte avait 12 ans lorsque son père acheta cette grande propriété de villégiature, qui joua un rôle important dans la construction de la sensibilité artistique du peintre. Le parc de 11 hectares, aux allures de jardin à l'anglaise, est ponctué de "fabriques", bâtisses ornementales propices à un voyage imaginaire : un chalet suisse qui servait de laiterie, un banc couvert d'inspiration asiatique, l'orangerie de style néo-classique, l'exèdre inspiré de la Grèce antique, une chaumière, un kiosque évoquant une pagode chinoise, une volière, ou bien ce merveilleux potager où Caillebotte aimait à jardiner en compagnie de ses amis peintres et écrivains. Des expositions sont organisées dans certaines fabriques, et l'intérieur de la maison, d'inspiration italienne, a été décoré et meublé pour se rapprocher au plus près de ce qu'il était du temps de Caillebotte.

Cathédrale de la Résurrection

15, cours Monseigneur-Romero, 91000 Évry • Ligne D (Évry-Courcouronnes)

01 64 97 85 21 • Ouvert du lundi au samedi de 10h à 12h et de 14h à 18h, et le dimanche de 14h30 à 19h

evry-catholique.fr

SACRÉ DU TEMPS PRÉSENT • Il ne passe pas inaperçu, ce bâtiment en brique rouge au style néobyzantin, avec ce gros cylindre planté de 24 tilleuls sur son sommet en biseau. Et il surprend encore plus quand on découvre qu'il s'agit d'une cathédrale… Inauguré en 1995, l'édifice signé Mario Botta suscita la polémique : à cause de son emplacement, de sa monumentalité, de sa structure (il n'avait pas de clocher, n'était pas dessiné en croix). Aujourd'hui, on s'étonne plutôt de voir combien la cathédrale a bien vieilli. Le mérite en revient sans doute aux briques toulousaines qui la composent. L'intérieur, également dominé par la brique, est aussi spectaculaire que l'extérieur, notamment grâce à la lumière zénithale qui entre par le savant assemblage de métal et de verre du toit. Le bâtiment abrite, outre le lieu de culte, le Centre national d'art sacré et le musée Paul-Delouvrier, dédié à l'art africain et à l'art sacré.

Parc botanique de Launay

Avenue de Lattre-de-Tassigny, 91400 Orsay • Ligne B (Orsay-Ville)

01 69 15 67 32 • Ouvert tous les jours • Gratuit

u-psud.fr

NATUREL ÉTUDIÉ • Paris-Sud (ou Paris-XI) est le plus grand campus scientifique de France, réparti sur une dizaine de communes et 270 hectares, pas moins, au sein desquels la nature occupe une place prépondérante, avec notamment ce parc botanique de quelque 100 hectares. L'accès en est libre, et une longue promenade au calme et au vert donne à voir toutes sortes d'environnements, naturels et semi-naturels (ripisylves, boisements, prairies humides, roselières, mares), où cohabitent pas moins de 3 000 espèces végétales. On admire ici une évocation florale du mont Fuji, on respire là les parfums de la garrigue, et l'on oublierait presque que cette nature subtilement domptée doit avant tout servir à des missions scientifiques. Des visites guidées gratuites y sont d'ailleurs organisées.

Château de Saint-Jean-de-Beauregard

Rue du Château, 91940 Saint-Jean-de-Beauregard • Ligne B (Orsay-Ville), puis bus 03 (Centre-Commercial-Les-Ulis-2), puis prendre le souterrain qui passe sous la route vers Saint-Jean-de-Beauregard et remonter vers le château. Pendant la Fête des Plantes, une navette fait le trajet depuis la gare d'Orsay-Ville

01 60 12 00 01 • Ouvert de 14h à 18h tous les dimanches et jours fériés du 15 mars au 15 novembre, sauf pendant les fêtes de fin d'année • 8 € / TR : 6 € pour l'accès au parc, au potager et au pigeonnier, 2 € de plus pour la visite guidée du château et du pigeonnier

chateaudesaintjeandebeauregard.com

NOBLES PLANTATIONS • Avouons-le : rejoindre le château de Saint-Jean-de-Beauregard par les transports en commun est une petite aventure en soi. Mais quelle récompense, à l'arrivée ! Il y a le château lui-même, une classique mais majestueuse bâtisse du XVIIe siècle, perdue dans la verdure et miraculeusement préservée. Pourtant, c'est davantage pour le parc que l'on vient, avec son jardin à la française, son pigeonnier, son orangerie, sa glacière et, surtout, son potager, la vedette des lieux. D'une superficie de deux hectares, clos de murs, ce potager fleuri typique du XVIIe siècle est une symphonie de fleurs, de fruits et légumes rares ou oubliés – renouvelés au gré des saisons. Classé Monument historique, il attire les amateurs du monde entier.

Domaine départemental de Chamarande

38, rue du Commandant-Maurice-Arnoux, 91730 Chamarande
Ligne C (Chamarande)

01 60 82 52 01 • Ouvert toute l'année, horaires variables selon les périodes • Gratuit

chamarande.essonne.fr

CADRE D'EXCEPTION POUR L'ART CONTEMPORAIN • À deux minutes d'une gare de RER, un imposant château Louis XIII de brique, de grès et d'ardoise ; un parc paysager de près de 90 hectares, des pelouses s'étendant à perte de vue, plantées de grands arbres et cernées de forêt, une rivière, des bassins, une île, des "folies"... non, vous ne rêvez pas ! Et Chamarande, c'est également une activité culturelle intense, principalement tournée vers l'art contemporain. Pour preuve, les expositions organisées dans l'orangerie du château et le parc : des œuvres et des installations de haut vol y font dialoguer nature, patrimoine historique et modernité. Tout cela est gratuit, comme les concerts, spectacles et projections de films donnés le dimanche, en plein air.

Les Cressonnières de la Villa Paul

17, route de Courcelles, 91660 Méréville
Ligne C (Étampes), puis bus 10-20 (Méréville), puis 15 min à pied

01 64 95 00 64 • Visites sur rendez-vous

cressonnieres.net

ESSONNE, TERRE DE CRESSON... • C'est en effet dans le 91 que près de 40 % de la production française est récoltée, et là aussi que se trouve la capitale européenne du cresson, Méréville. Le village, où se tient une fête annuelle célébrant "l'or vert", a d'autres attraits : sa halle, sa vieille église, son château et son parc. Située un peu à l'écart du centre, la Villa Paul propose aux curieux la visite d'une Maison du Cresson, idéale pour en savoir plus sur la culture de cette crucifère, ses nombreuses vertus, mais aussi les diverses façons, parfois très originales, de la consommer. Une boutique permet de pousser plus loin l'exploration et de rapporter des produits. Ensuite, un petit tour dans les champs : on y découvre que le cresson a besoin de beaucoup d'eau, mais aussi d'égards, puisque tout ou presque se fait à la main. Après cela, on ne mange plus le cresson de la même manière...

Tour de Guinette d'Étampes

Une journée pour flâner à Étampes et Dourdan

Accès : Ligne C (Dourdan et Dourdan-la-Forêt)
et ligne C (Étampes et Saint-Martin-d'Étampes)
Revenir à Brétigny pour aller d'une ville à l'autre.

Au programme de cette royale virée, **Étampes**, tout d'abord, dont l'histoire riche et variée court de l'époque gallo-romaine à la Seconde Guerre mondiale. Mais c'est l'époque médiévale qui a laissé ses vestiges les plus spectaculaires. Comme la **tour de Guinette**, un donjon qui est le symbole de la ville et demeure la seule trace du château fort dont les premières pierres furent posées au Xe siècle, sous le règne de Robert le Pieux. Transformé au fil des siècles suivants, il vit séjourner des hôtes prestigieux, tels que François Ier, Henri II ou Henri IV.

De nombreux autres monuments, qu'ils soient militaires, civils ou religieux, témoignent du passé de la ville : les restes de remparts et de fortifications, **l'église Saint-Gilles** et ses abords, le **palais de justice**, la **collégiale Notre-Dame-du-Fort**, des hôtels particuliers... autant de vieilles pierres, parmi d'autres, à traquer en se promenant dans le centre historique d'Étampes,

Dourdan

surnommée la Venise de l'Essonne en raison des rivières et canaux qui la traversent.

À **Dourdan** aussi, on voyage dans le temps : direction le Moyen Âge, avec en vedette le **château**, une véritable forteresse du XIIIe siècle construite sous Philippe Auguste, remarquablement conservée. Un **musée** est aménagé à l'intérieur dans un ancien grenier à sel, avec des tableaux et des meubles d'époque, ainsi qu'une maquette du château. Des expositions y sont régulièrement organisées.

Comme à Étampes, il faut ensuite se promener dans la vieille ville pour découvrir les nombreux vestiges qu'elle conserve – **l'église Saint-Germain-l'Auxerrois**, les **halles**, les **restes de remparts**, le **château du Parterre** (devenu l'hôtel de ville), les hôtels particuliers Renaissance… Pour s'y retrouver, le mieux est de demander un dépliant à l'office de tourisme.

Office du tourisme d'Étampes • Hôtel Anne-de-Pisseleu • Place de l'Hôtel-de-Ville-et-des-Droits-de-l'Homme, 91150 Étampes • 01 69 92 69 00 • mairie-etampes.fr

Château de Dourdan – Office de tourisme • 20, rue des Fossés-du-Château, 91410 Dourdan • 01 64 59 66 83 et 01 64 59 86 97 pour l'OT • dourdan-tourisme.fr

5

Yvelines

Bergerie nationale

Parc du Château, 78120 Rambouillet
Ligne N (Rambouillet), puis bus D (pas de bus le dimanche)

01 61 08 68 70 • Ouvert tous les jours pendant les vacances scolaires, et les mercredis, samedis et dimanches en période scolaire • 6 € / TR : 5 €

bergerie-nationale.educagri.fr

NOBLESSE OBLIGE • Ce qui fut tout d'abord une ferme royale, créée par Louis XVI afin de développer l'innovation en matière d'agriculture et d'élevage, devint sous Napoléon Ier la Bergerie impériale… Aujourd'hui, la Bergerie nationale est une véritable ferme qui s'étend sur 250 hectares au sein du domaine de Rambouillet. Les visiteurs s'y promènent en liberté, explorant ainsi toutes les facettes d'une exploitation agricole, approchant au plus près les vaches laitières, les ânes, les poules et les lapins, avant de se rendre dans la boutique où les comestibles cultivés sur place côtoient des pulls, plaids et écharpes fabriqués avec la laine des fameux moutons mérinos de la bergerie…

La vallée de Chevreuse en bus

78 170 Saint-Rémy-lès-Chevreuse • Ligne B (Saint-Rémy-lès-Chevreuse)

Service Baladobus assuré d'avril à octobre • Pass journée : 4 €, pass famille : 10 €

parc-naturel-chevreuse.fr

UN TOUR À LA CAMPAGNE • En moins de cinquante minutes depuis le centre de Paris, on est à Saint-Rémy-lès-Chevreuse. Dépaysement garanti dans cette charmante petite ville presque rurale, cernée par les champs et les forêts. La bonne idée, une fois sur place, est d'aller prendre le Baladobus, un service de navettes mis en place par la Région, qui permet de rallier à moindre coût certains sites touristiques et chemins de randonnée du Parc naturel régional de la vallée de Chevreuse. Le circuit comprend douze stations à partir desquelles on peut profiter de quelques incontournables de la région : le musée national Port-Royal-des-Champs, le château de Breteuil, le château de la Madeleine, l'abbaye des Vaux-de-Cernay ou le petit moulin des Vaux-de-Cernay. Autant de lieux de découverte, qui sont eux-mêmes des points de départ pour des promenades plus ou moins longues...

Potager du Roi

10, rue du Maréchal-Joffre, 78000 Versailles • Ligne C (Versailles-Rive-Gauche)

01 39 24 62 62 • Ouvert du mardi au vendredi entre janvier et mars, du mardi au dimanche entre avril et octobre, du mardi au samedi matin entre novembre et décembre
4,50 € en semaine et 7 € le week-end (visites guidées uniquement) / TR : 3 €

potager-du-roi.fr

LE TRÉSOR DU MONARQUE • D'illustre naissance et d'une superficie de presque 9 hectares, ce potager se compose de 16 carrés dédiés essentiellement aux légumes e. Ces carrés sont entourés de jardins clos plantés d'arbres fruitiers, avec quelques serres pour compléter le tableau. Une disposition qui n'a pratiquement pas changé depuis la création de l'ensemble, sous Louis XIV – lequel venait se poster sur les terrasses qui surplombent cette géométrie verdoyante pour observer le travail de ses jardiniers. On le comprend : le spectacle est de toute beauté, même si le renouvellement obligé de certains arbres fruitiers rompt un peu l'harmonie des lieux. Ne pas oublier, avant de partir, de faire un tour à la boutique du potager : les fruits et légumes cultivés ici même sont à vendre, frais ou transformés en conserves et en jus.

Académie du spectacle équestre de Versailles

Manège de la Grande Écurie du château de Versailles, avenue Rockefeller, 78000 Versailles • Ligne L (Versailles-Rive-Droite) ou ligne C (Versailles-Rive-Gauche)

01 39 02 62 70 • Visites libres, accompagnées ou guidées selon les cas, les mercredis, samedis et dimanches • De 5 à 25 € selon les visites

bartabas.fr

MAGIE PURE • C'est à la fin du XVIIe siècle que Jules Hardouin-Mansart dessina ces Écuries royales, qui abritèrent les chevaux du roi, de même que les écuyers, les palefreniers et les pages. Depuis 2003, elles hébergent l'Académie du spectacle équestre de Versailles, dirigée par Bartabas. C'est à la fois un lieu de spectacle et d'enseignement, un enseignement particulier associant le dressage à d'autres disciplines, comme la danse, le chant ou le tir à l'arc japonais (kyudo)... L'endroit est un lieu à part qui se découvre en visite libre ou commentée. En optant pour l'une des deux dernières, l'on pourra non seulement admirer les écuries, les carrières et le magnifique manège, mais aussi voir les chevaux et leurs cavaliers à l'entraînement.

ZooSafari de Thoiry

Rue du Pavillon-de-Montreuil, 78770 Thoiry • Ligne J (Mantes-la-Jolie), puis bus 78 (tous les jours sauf dimanche), puis moins de 5 min à pied

01 34 87 40 67 • Ouvert mercredi, vendredi, samedi et dimanche (et jours fériés), de 10h à 17h (ou 20h selon les saisons)
29 € / TR : 23 € (supplément de 8 € pour le Camion brousse)

thoiry.net

AMBIANCE DE LA BROUSSE • Ce fringant cinquantenaire, deuxième plus grand parc zoologique de France avec 90 hectares et pas loin de 800 animaux, attire tous les ans plus de 500 000 visiteurs. Ici, l'aventure prend trois dimensions : un "safari" en véhicule motorisé, la visite à pied d'un zoo – avec son fameux tunnel en verre au milieu des félins – et celle du château Renaissance dont l'immense parc abrite l'ensemble. Vous n'avez pas de voiture pour le safari ? Pas de problème : le Camion brousse est là pour ça, un véhicule de l'armée customisé à bord duquel on se promène dans la réserve, pour croiser zèbres, girafes, et autres rhinocéros. Dépaysant en diable ! Difficile de croire qu'on est à une quarantaine de kilomètres de Paris seulement !

Musée Tourgueniev

16, rue Yvan-Tourgueneff, 78380 Bougival • Ligne A (Nanterre-Université, Nanterre-Préfecture ou Saint-Germain-en-Laye), puis bus 259 (La Chaussée-Musée-Tourgueniev) ou ligne L (Bougival), puis 25 min à pied

01 39 18 22 30 • Ouvert d'avril à octobre, les samedis (de 14h à 18h) et dimanches (de 10h à 18h) • 8 € / TR : 6 €

tourgueniev.fr

AMOUR ET LITTÉRATURE • C'est à tort que l'on parle souvent de la datcha Tourgueniev à Bougival. Il s'agit en réalité d'un chalet mariant les styles suisse et russe, que le grand auteur russe se fit construire dans un immense parc surplombant la Seine. Il y vécut huit ans, auprès de la cantatrice Pauline Viardot, jusqu'à sa mort en 1883. Cette élégante bâtisse en brique, pierre et bois n'entrouvre ses portes que le week-end, six semaines par an. C'est au premier étage qu'on se trouvera au plus près de l'écrivain, avec son cabinet de travail et sa chambre rappelant une époque où cette maison recevait la plupart des grands noms de la littérature et des arts, de Guy de Maupassant à Émile Zola, en passant par George Sand ou Frédéric Chopin.

Château de Monte-Cristo

Chemin du Haut-des-Romes, 78560 Le Port-Marly • Ligne L (Marly-le-Roy) ou ligne A (Saint-Germain-en-Laye), puis bus 10 (Les Lampes)

01 39 16 49 49 • Ouvert le week-end uniquement de 13h à 17h du 2 novembre au 31 mars, et tous les jours sauf le lundi le reste de l'année • Visite libre : 7 € / TR : 5 €, visite guidée : 8 €, accès au parc uniquement : 3 €

chateau-monte-cristo.com

PETIT BIJOU • Le trajet depuis la gare, avec la montée finale, est déjà une petite aventure… La récompense est au bout, perchée sur la colline de Port-Marly : un grand parc à l'anglaise avec ses grottes, ses bassins, ses rocailles, ses pelouses et ses grands arbres, et la silhouette imposante de la demeure Renaissance qu'Alexandre Dumas s'y fit construire grâce au succès des *Trois Mousquetaires* et du *Comte de Monte-Cristo*. Les visites guidées donnent l'occasion de mieux apprécier les raffinements de la bâtisse, à l'extérieur comme à l'intérieur, avec en incontestable vedette le salon Mauresque. Non loin se dresse le château d'If, pavillon néogothique où l'auteur avait installé son cabinet de travail, et où son âme fantasque se retrouve.

Le Vésinet, cité-jardin

78110 Le Vésinet • Ligne A (Le Vésinet-Centre ou Le Vésinet-Le Pecq)

levesinet.fr

COMME UN RÊVE • C'était une ancienne chasse royale ; cela devint au milieu du XIXe siècle une "ville nouvelle", mariant idéalement nature et urbanisme. Cinq lacs furent creusés ici et là, on aménagea de grandes pelouses. Peu à peu, les terrains se lotirent de maisons de campagne parfois spectaculaires. Depuis, Le Vésinet a su préserver une bonne part de son identité et de son patrimoine. De sa verdure, aussi ! Il fait bon se perdre dans les rues, bordées de maisons et de jardins, suivre les petites rivières et profiter des espaces verts publics. Point d'orgue de la promenade : le quartier des Ibis, avec son lac, son île et, tout autour, des pelouses ainsi que de belles maisons fin-de-siècle – à commencer par le palais Rose, habité jadis par Robert de Montesquiou, ce dandy qui inspira à Marcel Proust le baron de Charlus dans *À la recherche du temps perdu*...

Musée d'archéologie nationale

Une journée pour flâner à Saint-Germain-en-Laye

Accès : Ligne A (Saint-Germain-en-Laye)

À Saint-Germain-en-Laye, les choses sérieuses commencent dès la sortie du RER, puisqu'on se retrouve nez à nez ou presque avec le joyau de la ville : son château. Son histoire est longue et passionnante, depuis Louis VI le Gros, lequel fit construire ici même un château fort au début du XIIe siècle, jusqu'à Napoléon III, qui sauva de la destruction l'édifice actuel en le faisant restaurer et en y établissant un musée.

Le **musée d'Archéologie nationale** propose une des plus importantes collections d'Europe, avec des dizaines de milliers de pièces exposées (et des millions en réserve). On y trouve, dans un décor royal, une évocation unique de l'histoire de notre territoire, du paléolithique à la Gaule mérovingienne.

Après la visite, les 70 hectares du **parc** sont idéals pour aller prendre l'air. Au programme de cette promenade, les jardins à la française dessinés par Le Nôtre pour Louis XIV (avant que celui-ci ne s'installe à Versailles), le jardin anglais du XIXe siècle et, bien sûr, la terrasse de Le Nôtre, longue de quelque 2,5 kilomètres, qui livre une vue grandiose sur l'Ouest parisien.

Musée départemental Maurice-Denis

L'autre centre d'intérêt de Saint-Germain-en-Laye est sans aucun doute le **musée départemental Maurice-Denis**, aménagé dans la demeure – un ancien hôpital du XVIIe siècle avec sa chapelle et un très beau jardin – que le peintre occupa durant trente ans, jusqu'à sa mort en 1943. Il abrite un exceptionnel ensemble d'œuvres symbolistes et nabis, où l'on retrouve entre autres, outre Maurice Denis, Paul Gauguin, Félix Vallotton, Pierre Bonnard...

Et ceux qui n'en ont pas encore assez peuvent errer dans la ville, avec ses vieux hôtels particuliers et ses commerces, visiter la maison natale de **Claude Debussy** et son petit musée... ou bien se perdre dans les 3 500 hectares de la **forêt** de Saint-Germain-en-Laye.

Musée d'Archéologie nationale – Domaine national de Saint-Germain-en-Laye • Place Charles-de-Gaulle, 78100 Saint-Germain-en-Laye • 01 39 10 13 00 • musee-archeologienationale.fr

Musée départemental Maurice-Denis • 2 bis, rue Maurice-Denis, 78100 Saint-Germain-en-Laye • 01 39 07 87 87 • musee-mauricedenis.fr

Musée Claude-Debussy • 38, rue au Pain, 78100 Saint-Germain-en-Laye • 01 30 87 20 63 • saintgermainenlaye.fr

Villa Savoye

82, rue de Villiers, 78300 Poissy • Ligne A (Poissy), puis bus 50 (Villa-Savoye)

01 39 65 01 06 • Ouvert tous les jours sauf le lundi • 8 € / TR : 6,50 €

villa-savoye.fr

CONDENSÉ DE GÉNIE • Construite entre 1928 et 1931 sur un immense terrain de 7 hectares, la Villa Savoye est un des plus importants témoignages de la mise en pratique des théories de l'architecte Le Corbusier. L'extérieur, un grand parallélépipède sur pilotis, peut surprendre par son austérité, surtout quand on sait que le bâtiment était la villa de week-end d'un assureur parisien cossu. Mais à l'intérieur, on est séduit par ses volumes incroyablement modernes, élégants, fonctionnels, lumineux et riches en détails de toutes sortes, en particulier pour le rangement. Ne pas oublier d'aller admirer l'étonnante "loge du jardinier", version miniature de la villa, conçue selon les mêmes principes : cette bâtisse méconnue a un charme fou.

Parc du Peuple de l'Herbe

Avenue Marcel-Touboul, 78955 Carrières-sous-Poissy • Ligne A ou ligne J (Poissy), puis bus 1 (Les Oiseaux) ou bus 2 (Maison-des-Insectes)

Maison des insectes ouverte les mercredis et samedis de 14h à 18h (période scolaire) et du mardi au samedi de 14h à 18h (vacances) • 7 € / TR : 5 €

parcdupeupledelherbe.gpseo.fr

100 % NATURE • Aménagé sur les 113 hectares d'une ancienne carrière et autour de deux étangs, en bord de Seine, le parc du Peuple de l'Herbe est le plus grand parc écologique et récréatif des Yvelines, espace naturel protégé entre fleuve et ville, qui permet d'observer toute la diversité de la faune et de la flore locales. Une découverte qui se fait à pied ou à vélo, avec, ici ou là, des pauses (la prairie de 2 hectares, la zone de pique-nique) ou des curiosités (les radeaux flottant sur les étangs pour les oiseaux, les nichoirs à oiseaux et chauves-souris, l'observatoire et sa vue imprenable). Sans oublier la Maison des insectes, espace ludo-pédagogique de 800 m² dédié au fameux “peuple de l'herbe”. S'évader, apprendre et se divertir entre ville et nature : le contrat du parc est rempli !

Parc naturel de l'île Nancy

78570 Andrésy • Ligne J (Andrésy), puis un des deux embarcadères : Julien-Green (4, boulevard Noël-Marc) ou Saint-Exupéry (40, boulevard Noël-Marc)

Ouvert d'avril à novembre du mercredi au dimanche, et jours fériés

andresy.com

ROBINSONNADE • La Seine ne compte pas moins d'une centaine d'îles, habitées ou désertes, vouées pour certaines à l'industrie, pour d'autres à l'agriculture, pour d'autres encore à l'art ou aux loisirs. Longue de plus de 3 kilomètres, l'île Nancy est un véritable parc naturel, très boisé, amarré au milieu de l'eau. Elle n'est accessible que par le service de bacs régi par la ville d'Andrésy. Après une courte traversée, la promenade peut commencer, dans un environnement paisible et verdoyant, parfois mystérieux, dont les allées réservent quelques surprises, comme la passe à poissons, étonnant ensemble de petits rapides artificiels qui traversent l'île à la manière d'une rivière, à la hauteur du barrage voisin. Et dès le printemps, jusqu'à la fin de l'été, l'île devient un lieu d'art, à l'occasion de "Sculptures en l'Île"...

Musée de la Batellerie et des Voies Navigables

3, place Jules-Gévelot, 78700 Conflans-Sainte-Honorine • Ligne J (Conflans-Sainte-Honorine), puis 10 min à pied, ou ligne A (Conflans-Fin-d'Oise), puis 25 min à pied

01 34 90 39 50 • Ouvert tous les jours sauf le lundi (l'après-midi uniquement les mercredis et vendredis) • 5 € / TR : de 3 à 1,50 €

musee-batellerie-conflans.fr

LA MECQUE DES MARINIERS • Considérée comme la capitale française de la batellerie, Conflans-Sainte-Honorine se devait d'accueillir un musée consacré à la navigation fluviale. C'est ainsi que les vastes collections de la ville sont présentées dans le château du Prieuré, d'inspiration néo-Renaissance et néogothique. À travers les maquettes, les tableaux et de très nombreux documents, se révèle un univers intriguant et d'une étonnante richesse, mis en valeur par le magnifique intérieur du château. La suite logique de cette visite, c'est une promenade sur les berges de la Seine, où l'activité batelière est toujours vivace, soit vers la confluence de la Seine et de l'Oise, vers le monument aux morts de la batellerie, soit dans l'autre sens, en direction d'Herblay et de La Frette-sur-Seine, au bord de l'eau et à l'ombre des saules pleureurs.

Parc aux Étoiles

2, rue de la Chapelle, 78510 Triel-sur-Seine • Ligne J (Triel) puis 35 min à pied

01 39 74 75 10 • Visites le dimanche à 15h et à 16h30, et du lundi au vendredi à 16h pendant les vacances scolaires parisiennes • Visites : 7 € / TR : 5,50 € (séances de projection, animations et conférences non incluses)

parcauxetoiles.gpseo.fr

POUR SCRUTER LE CIEL • Ce n'est pas un hasard si, dans les années 1970, un observatoire a été installé à Triel-sur-Seine : le massif de l'Hautil est le deuxième lieu le plus haut d'Île-de-France ! Une vingtaine d'années plus tard, un espace muséographique est venu profiter à son tour de ce site exceptionnel, et du grand parc de 4 hectares, celui du château de la Tour, demeure bourgeoise du XIXe siècle. Au programme de la visite : un spectaculaire ensemble de 34 dioramas en couleurs et en 3D figurant le Big Bang, la vie et la mort des étoiles, les galaxies, notre système solaire... Dans d'autres salles, c'est toute l'exploration spatiale qui est évoquée, du Spoutnik aux futures stations planétaires. Le parcours se termine en beauté par la présentation de la grande lunette du parc, avec laquelle on pourra observer la Lune et les planètes... si les conditions météorologiques sont favorables.

Élisabethville

78410 Aubergenville / 78680 Épône
Ligne J (Aubergenville-Élisabethville)

aubergenville.fr

CURIOSITÉS URBAINES • Élisabethville, sa plage, son casino, son hôtel, son golf... peu de Franciliens connaissent cette cité-jardin balnéaire créée dans les années 1920 en bord de Seine. C'est un peu normal : la Deuxième Guerre mondiale, puis la construction de l'usine Renault à Flins, dans les années 1950, sont passées par là. Mais dans les rues agencées selon un étrange plan radioconcentrique, il reste de nombreux vestiges de ce projet parrainé par la reine belge Élisabeth. Entre autres souvenirs : la boulangerie "À la Reine Élisabeth", le casino (devenu temple protestant), le groupe scolaire Reine-Astrid, des villas d'époque, le monument de l'amitié franco-belge, l'église Sainte-Thérèse-de-l'Enfant-Jésus, entièrement en béton, le kiosque à musique, dans le parc Nelly-Rodi, au bout du boulevard de la Plage...

6

Val-d’Oise

Villa normande à Enghien

Une journée pour flâner à Enghien-les-Bains

Accès : Ligne H (Enghien-les-Bains), métro 13 (Porte-de-Paris-Saint-Denis), puis bus 154 (Gare-d'Enghien-les-Bains)

Faire une véritable **cure thermale** à quelques minutes en train de la capitale ? C'est ce petit prodige qu'offre Enghien-les-Bains, 12 000 habitants. On vient là pour son eau riche en sulfures, une eau dont les propriétés antibactériennes, anti-inflammatoires, immunostimulantes et antiallergiques permettent de soulager ou de soigner les affections ORL et celles des voies respiratoires. Les installations modernes destinées aux curistes se doublent d'un grand centre ouvert à tous ceux qui veulent faire du bien à leur corps – thalasso, spa, fitness, etc.

Comme toute station thermale qui se respecte, Enghien offre à ses curistes, comme à ses visiteurs d'un jour, de quoi se distraire : un **casino**, le seul d'Île-de-France et le plus important de l'Hexagone en chiffre d'affaires ; de nombreux **squares et jardins fleuris**, pour se reposer ou se promener ; un **hippodrome** accueillant une cinquantaine de courses par an ; des commerces, un théâtre, des cinémas...

Lac d'Enghien

Et puis il y a le **lac**, qui, avec une superficie de 43 hectares, occupe un cinquième du territoire de la ville. Un grand lac, donc, sur lequel se croisent bateaux à voile, avirons et pédalos, et au bord duquel ont lieu tous les week-ends des concerts et animations diverses. L'été, on peut en faire le tour à bord d'un petit train touristique. Avec la marche et le vélo, ce petit train est d'ailleurs le meilleur moyen de découvrir et d'admirer les innombrables demeures, parfois extraordinaires, construites autour du lac. Tous les styles, ou presque, y sont représentés : bâtisses néoclassiques, chalets suisses, cottages, chaumières normandes, châteaux néogothiques, villas Art nouveau... Un florilège architectural qui témoigne de l'âge d'or d'Enghien-les-Bains.

Office de tourisme d'Enghien-les-Bains • 81, rue du Général-de-Gaulle, 95880 Enghien-les-Bains • 01 34 12 41 15 • ot-enghienlesbains.fr

Musée Jean-Jacques-Rousseau

5, rue Jean-Jacques-Rousseau, 95160 Montmorency • Ligne H (Enghien-les-Bains), puis bus 15 Valmy (Notre-Dame) ou bus 13 (Lycée-J.-J.-Rousseau)

01 39 64 80 13 • Ouvert du mardi au samedi de 14h à 18h de novembre à mars, et du mardi au dimanche le reste de l'année
Visite : 5,10 € / TR : 2,60 €

museejjrousseau.montmorency.fr

LE COCON DU PROMENEUR SOLITAIRE • Jean-Jacques Rousseau avait la bougeotte, mais au "Petit Mont-Louis", qui abrite aujourd'hui un musée, il passa presque cinq ans, entre 1757 et 1762. Et c'est là, loin de Paris, qu'il a écrit certaines de ses œuvres les plus importantes : *Julie ou la Nouvelle Héloïse*, *Du contrat social*, *Émile ou De l'éducation*. Le musée possède une vaste collection d'objets, près de 12 000, visibles en partie seulement. Les visites guidées de l'intérieur, modeste, donnent accès à la salle à manger-cuisine, à la chambre de l'écrivain et à celle de sa compagne Thérèse Levasseur. Vient ensuite la promenade dans le charmant jardin. En vedette, le "cabinet de verdure", ombragé par les tilleuls, avec sa table et son banc en pierre, et le "donjon", petite bâtisse située tout au fond, où Rousseau écrivait le matin et le soir.

Abbaye de Maubuisson

Avenue Richard-de-Tour, 95310 Saint-Ouen-l'Aumône
Ligne H ou ligne C (Saint-Ouen-l'Aumône)

01 34 33 85 00 • Ouvert l'après-midi, tous les jours sauf le mardis
Parc ouvert tous les jours • Gratuit

Facebook : Maubuisson

REMONTONS LE TEMPS • C'est dans les années 1230 que l'abbaye de Maubuisson fut construite à Saint-Ouen-l'Aumône, par la volonté de Blanche de Castille, mère du futur roi Saint-Louis – lui-même à l'origine de l'édification de l'abbaye de Royaumont. L'abbaye devint l'une des plus riches de France, avant que le temps et les aléas de l'histoire ne lui soient funestes. Ne subsistent aujourd'hui que quelques bâtiments et vestiges, rénovés avec soin et mis en valeur au milieu d'un vaste parc arboré de 10 hectares où les grands arbres, les vieilles pierres, ainsi qu'un ruisseau, un canal et un miroir d'eau composent un décor splendide. Deux fois par an viennent s'y intégrer des expositions d'art contemporain uniques, puisque les artistes ont pour contrainte de dialoguer avec le site dans toute sa richesse.

Téléski nautique à Cergy

Île de loisirs de Cergy-Pontoise • Rue des Étangs, 95000 Cergy-Pontoise
Ligne A ou ligne L (Cergy-Préfecture), puis bus 29 ou 48 (Île-de-Loisirs)

Ouvert tous les jours à partir de 10h
Accès gratuit à l'île, mais activités payantes pour la plupart

cergy-pontoise.iledeloisirs.fr

ÇA DÉCOIFFE • Un long câble en mouvement, suspendu au-dessus de l'eau, qui permet aux adeptes de ski nautique, de wakeboard ou de kneeboard de réaliser une boucle de plus de 800 mètres, 400 mètres dans un sens et 400 au retour – car c'est l'avantage par rapport au téléski sur neige : on revient à son point de départ. Le câble peut tracter jusqu'à dix skieurs simultanément, avec une vitesse variant de 30 kilomètres à l'heure, pour les moins aguerris, à près du double pour les casse-cou. Ce téléski est une des stars de l'immense île de loisirs de Cergy-Pontoise, qui sur 250 hectares propose d'innombrables activités où les sports nautiques se taillent la part du lion. Quant à ceux que ces activités laissent indifférents, ils ont la possibilité de pêcher ou d'aller profiter de la grande plage de sable fin, avec ses palmiers et paillotes : l'illusion y est parfaite.

Souterrains de Pontoise

Office du tourisme • Place de la Piscine, 95300 Pontoise
Lignes H et J (Pontoise) et ligne C (Pontoise)

01 34 41 70 60 • Visites guidées les dimanches après-midi et certains mercredis
Visites : 7€ / TR : 5 €

ot-cergypontoise.fr

INSOUPÇONNABLE • Le vieux Pontoise, cœur historique de la ville, a été bâti sur un plateau calcaire que l'homme a sondé au fil des siècles pour creuser carrières, puits d'extraction, salles voûtées, galeries, caves et autres souterrains. Un réseau labyrinthique où l'on se promène de trappes en portes, qui dévoilent chaque fois un univers différent. Ici, une ancienne carrière qui fut utilisée pour la construction du château de Pontoise, aujourd'hui disparu ; là, la Cave des Moineaux, un ensemble médiéval spectaculaire qui a servi de décor à de nombreux films. Pas un instant on ne s'ennuie dans cette visite de deux heures – qui pourrait durer plus longtemps : sur les 900 cavités que compte la ville, seules quatre sont ouvertes au public !

Axe-Majeur de Dani Karavan

À partir de la place des Colonnes Hubert-Renaud, 95000 Cergy-Pontoise
Lignes A ou L (Cergy-Saint-Christophe)

Ouvert tous les jours

axe-majeur.info

INITIATIQUE • C'est un projet monumental, commencé en 1980 et toujours *in progress*. Mêlant urbanisme et art, il s'articule autour de l'œuvre du plasticien et sculpteur israélien Dani Karavan. Une œuvre découpée en 12 "stations" symboliques jalonnant un parcours de plusieurs kilomètres. L'itinéraire débute avec la tour Belvédère et ses 36 mètres de haut, au centre d'un ensemble signé Ricardo Bofill. S'engage alors une promenade hors du commun, qui révèle au visiteur un immense verger, une vaste esplanade où l'on retrouve les pavés de la cour Napoléon du Louvre, une terrasse aux 12 colonnes, le jardin des Droits de l'Homme, une imposante passerelle rouge longue de 250 mètres surplombant un amphithéâtre et un bassin, et qui devrait permettre de rejoindre un jour l'île Astronomique, ronde, située sur l'étang de Cergy. À côté, l'énigmatique Pyramide, uniquement accessible par bateau, accentue encore le mystère...

Parc du château de Grouchy

Rue William-Thornley, 95520 Osny
Ligne J (Osny), accès direct au parc par le parking de la gare situé rue Aristide-Briand

01 34 25 42 00 • Ouvert tous les jours

osny.fr

JOLIES FABRIQUES ET PETITS CANARDS • Ce grand domaine de près de 40 hectares est un peu le cœur et le poumon d'Osny. Le cœur, car c'est dans le château XVIIIe que la mairie s'est installée, ainsi qu'un intéressant musée consacré en grande partie à William Thornley, peintre postimpressionniste qui habita la ville, et le musée départemental des sapeurs-pompiers, aménagé dans une ancienne écurie. Le poumon, car le parc à l'anglaise est un magnifique lieu de promenade et de détente, sillonné par des allées qui traversent zones boisées et grandes pelouses, longeant les petits bras de la Viosne et contournant le plan d'eau où se retrouvent de nombreux oiseaux : canards, cygnes, oies, poules d'eau et autres bernaches... Au fil de ce circuit bucolique, on contemple aussi quelques vestiges de fabriques, notamment une glacière et un temple d'Amour, avec ses colonnes et sa nymphe. Coup de foudre garanti !

Direction Auvers-sur-Oise... en canoë

Val d'Oise Aventures • Quai des Saules, 95620 Parmain
Ligne H (Parmain - L'Isle-Adam)

09 52 92 52 22 • 3 départs par jour (11h, 13h50, 15h50) les week-ends et jours fériés, 1 départ en semaine (14h) • 24 € / TR : 18 € (prévoir des vêtements de rechange)

valdoise-aventures.paris

UNE RIVIÈRE ET DES PINCEAUX • Une quarantaine de minutes de train : c'est le temps nécessaire pour se retrouver immergé dans les paysages qui inspirèrent de nombreux peintres impressionnistes et post-impressionnistes, au premier rang desquels Vincent Van Gogh. Pour rejoindre Auvers-sur-Oise, où il avait élu domicile dans les derniers mois de sa vie, rien de mieux que cette promenade en canoë, accessible aux débutants et aux enfants de plus de 7 ans. On longe les rives de l'Oise, sans se presser, dans un environnement préservé ou joliment arrangé, plein de couleurs et de parfums. Une fois arrivé à Auvers-sur-Oise deux heures plus tard, on débute une autre balade, à la découverte des nombreux trésors de la ville : l'auberge Ravoux, la maison du docteur Gachet, le cimetière, le château et l'étonnante maison-atelier du peintre Charles-François Daubigny.

Plage de L'Isle-Adam

Place du Pou Saint-Jean, 95290 L'Isle-Adam • Ligne H (L'Isle-Adam-Parmain)

06 31 87 64 29 (du 1er avril au 30 juin) et 01 34 69 01 68 (du 1er juillet au 31 août)
Tous les jours en juillet-août. En mai-juin, le week-end et les jours fériés
Entrée (pour les non-Adamois) : 12,50 € / TR : 8 €
(en mai-juin et la semaine en été) • 17,50 € / TR : 10,50 € (le week-end en été)

ville-isle-adam.fr

FARNIENTE VINTAGE • Une plage, d'accord, mais pas n'importe laquelle : celle de L'Isle-Adam est tout simplement la plus grande plage fluviale de France ! Plus que de plage, d'ailleurs, il faudrait plutôt parler d'"ensemble balnéaire", dont les origines remontent à la fin du XIXe siècle. Témoin les cabines en arc de cercle, très rétro... Sur 3 hectares, dont un de sable fin, la plage de L'Isle-Adam a de quoi combler les plus difficiles : deux immenses bassins, des courts de tennis, un mini-golf 18 trous, deux terrains de beach-volley, un village d'animation pour les enfants, un restaurant, des aires de pique-nique à l'ombre... De quoi passer toute une journée sans s'ennuyer une seconde. Quant à ceux qui regretteraient l'époque où, faute de bassin, on se baignait dans l'Oise, ils peuvent se consoler en louant une barque ou un pédalo !

Potager-jardin de l'abbaye de Royaumont

95270 Asnières-sur-Oise
Ligne H (Viarmes), puis navette (5 € l'aller-retour) en juillet et août, et lors de certains événements

01 30 35 59 00 • Abbaye ouverte aux visites tous les jours de 10h à 18h

royaumont.com

SACRÉS LÉGUMES • On ne présente plus l'abbaye de Royaumont, cet ancien monastère cistercien du XIIIe siècle, où cohabitent les vestiges de la superbe église et un prestigieux ensemble de bâtiments entretenus et rénovés avec soin. Royaumont est aussi le siège d'une importante activité culturelle, notamment en matière de musique, de danse et de littérature. Cependant, on oublie parfois de mettre en avant ses jardins, tous trois d'inspiration médiévale, de même que son potager-jardin. Celui-ci, qui rassemble plus de 220 variétés de légumes et de fruits, conserve l'organisation et l'arrangement d'un potager traditionnel, tout en fonctionnant selon des techniques innovantes et écologiques. Il n'est pourtant pas qu'un terrain d'expérimentations : il nourrit également la carte de la Table de Royaumont, le restaurant de l'abbaye, ouvert fin 2017.

Château d'Écouen - Musée national de la Renaissance

95440 Écouen • Ligne H (Écouen-Ézanville), puis autobus 269 (Mairie), ou 20 min à pied, en passant par la forêt

01 34 38 38 50 • Ouvert tous les jours sauf le mardi
Entrée : 5 € / TR : 3,50 €

musee-renaissance.fr

LA RENAISSANCE, DANS LA FORÊT • Que de trésors en ce château ! À commencer par le bâtiment lui-même, que se fit construire le duc Anne de Montmorency, richissime ami de François Ier et d'Henri II, entre 1538 et 1555. Monumental, à la fois austère et plein de raffinements, il s'impose comme un extraordinaire témoignage de l'architecture française de l'époque. Il abrite le musée national de la Renaissance, ensemble tout aussi exceptionnel de meubles, d'objets et d'œuvres d'art. La chapelle, à la belle voûte peinte, est ornée d'une copie de *La Cène* de Léonard de Vinci, réalisée par l'un de ses élèves, Marco D'Oggiono. Après la visite, on ira se promener dans le parc, repensé au XVIIe siècle par Jules Hardouin-Mansart, où le jardin à la française dompte la forêt sur plus de 19 hectares.

7

Seine-et-Marne

Château de Champs-sur-Marne

31, rue de Paris, 77420 Champs-sur-Marne
Ligne A (Noisiel), puis bus 220 (Mairie-de-Champs) ou 20 min à pied

01 64 62 74 42 • Château ouvert tous les jours sauf le mardi • 8 € / TR : 6,50 €

chateau-champs-sur-marne.fr

D'UN GOÛT PARFAIT • De châteaux, la région parisienne n'en manque pas, mais celui-ci, par son architecture, constitue un remarquable exemple des maisons de plaisance du XVIIIe siècle. Ses riches décors intérieurs, son mobilier signé et les centaines de pièces de collection réunies par la famille Cahen d'Anvers au début du XXe siècle, en font l'un des plus somptueux d'Île-de-France. En le visitant, on pense à ses illustres occupants (comme la marquise de Pompadour), à ses visiteurs tout aussi prestigieux (Diderot, Chateaubriand ou Proust), ainsi qu'aux films auxquels il a servi de décor, tel le *Marie-Antoinette* de Sofia Coppola. Les jardins sont à la hauteur de ce petit joyau : 85 hectares, pas moins, mariant régularité classique et pittoresque d'inspiration anglaise.

La Ferme du Buisson

Allée de la Ferme, 77186 Noisiel • Ligne A (Noisiel)

01 64 62 77 00 • Horaires et tarifs des spectacles variables
Cinéma : 7,50 € / TR : 6 € • Centre d'art : gratuit

lafermedubuisson.com

DE L'AGRICULTURE À LA CULTURE • Il y a bien eu une ferme ici, celle de la grande cité industrielle avec usines et logements que la famille Menier (des chocolats du même nom) édifia à Noisiel à la fin du XIXe siècle. Le temps a passé, Marne-la-Vallée a poussé tout autour, et cette ferme s'est reconvertie en centre d'art et de culture tourné vers la création contemporaine. Le plus vaste des bâtiments, qui abritait autrefois des écuries, une bouverie-vacherie et une bergerie, est aujourd'hui un théâtre de 800 places. Une des granges et ses pigeonniers sont devenus des cinémas et un restaurant. L'abreuvoir, la halle, le grenier, l'auvent... ont donné naissance à des lieux d'expositions, de représentations théâtrales ou musicales, avec, ici et là, des espaces verts et de plein air.

Parc culturel de Rentilly - Michel Chartier

1, rue de l'Étang, 77600 Bussy-Saint-Martin
Ligne A (Torcy), bus PEP'S 21 (Rentilly, uniquement en semaine) ou 25, 46, 13 (Cèdre)

01 60 35 46 72 • Parc ouvert tous les jours ; accès aux expositions les mercredis et samedis après-midi et les dimanches toute la journée

marneetgondoire.fr

ÉCRIN CONTEMPORAIN • Il y a d'abord ce paradis de 54 hectares, havre de paix verdoyant composé de trois parties bien distinctes : le parc à l'anglaise, la perspective à la française et la forêt, tous parfaitement entretenus. Et puis, il y a le château, inauguré en 2014 : une audacieuse réhabilitation menée par l'artiste Xavier Veilhan qui, en recouvrant d'inox l'ancienne bâtisse, en a fait une véritable œuvre d'art. Ça tombe bien : le Parc culturel de Rentilly est aujourd'hui l'un des deux lieux du FRAC Île-de-France, où sont régulièrement organisées des expositions d'art contemporain dans les divers espaces dédiés, dont les magnifiques anciens bains turcs. De plus, un très riche programme d'activités ponctue les saisons : concerts, spectacles de danse, lectures, rencontres, conférences… Rentilly mérite donc bien son originale appellation de "parc culturel" !

Centre photographique d'Île-de-France

107, avenue de la République, 77340 Pontault-Combault
Ligne E (Émerainville-Pontault-Combault)

01 70 05 49 80 • Ouvert l'après-midi du mercredi au dimanche, en période d'expositions uniquement • Gratuit

cpif.net

TOUT POUR L'IMAGE • Installé dans ce qui fut la graineterie d'une ferme briarde, le CPIF est l'un des cinq centres d'art contemporain spécialisés dans la photographie en France. Il soutient la création avec des ateliers de recherche, des résidences, des stages de qualité, et organise, bien sûr, des expositions. La configuration du bâtiment qui accueille le centre lui offre une rare surface de presque 400 m². Les conditions sont donc optimales pour d'ambitieux projets, ouverts aux photographes du monde entier et aux pratiques variées de la photographie contemporaine. Un lieu de découverte, donc, avec un important travail de médiation (visites dialoguées, conférences, workshops, rencontres, etc.). Une visite commentée gratuite est proposée chaque dimanche à 15 heures.

Cueillettes de Compans

Rue de l'Église et rue de Mitry, 77290 Compans • Ligne K (Compans)

01 60 26 16 94 • Ouvert d'avril à novembre, au printemps pour la rue de Mitry et en été-automne pour la rue de l'Église (tous les jours sauf lundi matin)
Gratuit (on ne paye que ce que l'on a cueilli)

cueillettedecompans.fr

AU RYTHME DES SAISONS • Contrairement à d'autres, les Cueillettes de Compans ont l'immense mérite d'être accessibles sans voiture. Cent trente variétés de fruits, légumes et autres plantes aromatiques y sont cultivées dans le cadre d'une agriculture raisonnée et durable, respectueuse de l'environnement. La cueillette est donc ici une formidable façon de réapprendre à s'alimenter correctement en se mettant au diapason de la nature. Quel plaisir, en plus, de cueillir soi-même des haricots verts, des melons, des aubergines... et même des fleurs pour les amateurs ! À la boutique, M. et Mme Riché proposent aussi des produits en provenance des fermes voisines – volaille, charcuterie, produits laitiers, œufs, etc. Attention, tout de même, à ne pas trop se charger pour le retour... Autre mise en garde : il y a peu de trains le week-end, donc bien préparer ses trajets au préalable.

Île de loisirs de Jablines-Annet

77150 Jablines • Ligne A (Marne-la-Vallée-Chessy), puis bus 24 (Île-de-Loisirs)
01 60 26 04 31 • Ouvert tous les jours, horaires variables selon les saisons
Accès gratuit ou payant selon les activités et les saisons

jablines-annet.iledeloisirs.fr

BOUGER ET SE BAIGNER AU VERT • C'est la deuxième plus grande base de loisirs francilienne : 500 hectares, pas moins, situés dans une boucle de la Marne. Ici, les loisirs nautiques ont la vedette, avec une vaste plage de sable (il y en a plusieurs), présentée comme la plus belle d'Île-de-France, et de grands lacs qui permettent de s'adonner aux joies de la planche à voile et du catamaran, du pédalo ou du kayak, du téléski nautique ou, pourquoi pas, de la pêche. Et pour ceux que les plaisirs de l'eau indiffèrent, pas de problème. Là encore, ce ne sont pas les activités qui manquent : tennis, minigolf, espaces multisports, course d'orientation, disc-golf, et un centre équestre, avec trois manèges et trois carrières. Sans oublier les nombreux chemins de la base, qui sont l'occasion de longues promenades. Ceux qui se sentent vraiment bien ici peuvent même prolonger leur séjour, soit au camping, soit à la Maison du Grand Lac, avec ses 23 chambres donnant sur l'étendue d'eau.

La Marne en bateau électrique

Marin d'Eau Douce • Plage de Meaux, 2, chemin de la Marine, 77100 Meaux
Ligne P (Meaux)

01 42 09 54 10 • Tous les jours de 9h30 à 22h
À partir de 40 € de l'heure pour un bateau 5 places

marindeaudouce.fr

À LA COULE • Louer des petits bateaux électriques sans permis, le temps d'une simple promenade en famille, d'un pique-nique, d'un apéro sur l'eau entre amis, ou encore d'une fête d'anniversaire fluviale, quelle bonne idée ! Depuis leur arrivée au bassin de la Villette, en 2014, les créateurs de Marin d'Eau Douce sont allés conquérir les eaux de Strasbourg, Lille... et Meaux. Un choix qui ne doit rien au hasard. En plus de décrire un gracieux méandre au niveau de la vieille ville, la Marne permet ici de naviguer en toute quiétude sur 40 kilomètres aller-retour, en longeant le parc naturel du Pâtis et en admirant de vieux monuments comme le moulin de Poincy. Un chemin d'eau bordé d'arbres ou de champs, qu'on suit à son rythme, sans se presser.

Musée Bossuet

5, place Charles-de-Gaulle, 77100 Meaux • Ligne P (Meaux)

01 64 34 84 45 • Horaires variables selon la saison • 3,10 € / Gratuit pour les moins de 18 ans et les étudiants, et pour tous le mercredi

musee-bossuet.fr

UN MUSÉE AU CHARME SECRET • Non, ce musée n'est pas consacré à Bossuet. Il a été baptisé ainsi pour rendre hommage à celui que l'on surnomme parfois "l'Aigle de Meaux" et qui devint évêque de la ville en 1681. C'est d'ailleurs l'ancien palais épiscopal qui accueille aujourd'hui ce musée plein d'intérêts. À commencer par la collection de peintures, riche d'œuvres d'artistes majeurs : Frans Floris, les frères Le Nain, mais aussi Jean-François Millet, Charles-François Daubigny ou Jean-Léon Gérôme. Ici et là, des sculptures, du mobilier Louis XV et Louis XVI... La visite s'achève dans un jardin à la française, ceinturé par les ifs tricentenaires que Bossuet a dû connaître pour certains. Au fond, un escalier donne accès à une terrasse, sur la partie supérieure du rempart gallo-romain ; c'est là que se nichent un pavillon et son jardin où l'évêque aimait se retirer.

Le Moulin Jaune

1, sente du Moulin-Nicole, 77580 Crécy-la-Chapelle • Ligne P (Villiers-Montbarbin) ou ligne A (Marne-la-Vallée-Chessy), puis bus 59 (Passage-à-Niveau)

01 64 63 70 19 (Maison du tourisme du pays créçois) • Ouvert en fonction des événements • Tarifs variables entre 10 et 25 €

moulinjaune.com

FANTASQUE FANTAISIE • Si vous souffrez de coulrophobie – la phobie des clowns –, mieux vaut passer votre chemin. Pour les autres, direction Crécy-la-Chapelle, où le clown d'origine russe Slava Polunin, qui fait voyager dans le monde entier des spectacles hors du commun, a posé en 2001 une partie de ses valises et créé un endroit absolument unique. Lieux de vie et de création, accueillant artistes et amis de passage, la "maison théâtre" et le "jardin théâtre" défient la description : l'imagination, la fantaisie et le rêve sont au pouvoir ici, donnant naissance à un univers coloré où tout est poésie. Plusieurs fois dans l'année, le Moulin Jaune ouvre ses portes : master class de clowns (avec la complicité de Jango Edwards), soirées cabaret, fêtes saisonnières, pique-nique géorgien... Il accueille tout le monde, à condition que l'on apporte son âme d'enfant et sa tenue la plus excentrique !

Fromagerie Ganot - Musée du Brie

4, rue Cécile-Dumez, 77640 Jouarre
Ligne P (La Ferté-sous-Jouarre), puis bus 40

01 60 22 06 09 • Visites le samedi à 16h30 • 5,50 €

fermes-brie.fr

LA STAR DES FROMAGES • À base de lait de vache, pâte molle et croûte fleurie, le brie se décline en plusieurs variétés, notamment celles de Meaux et de Melun, toutes deux labellisées AOP. Fondée à la fin du XIXe siècle, la fromagerie Ganot, à Jouarre, est la plus ancienne de la région. Forte de cette histoire et de son attachement à des méthodes de production traditionnelles, l'entreprise familiale a créé un petit musée où de nombreux objets, souvent anciens, sont exposés. La visite comprend également la projection d'un film sur la fabrication du brie fermier, la découverte des caves d'affinage et, enfin, la dégustation de trois fromages. En conclusion, un passage par la boutique s'impose, où l'on trouve à foison des délices bien affinés.

Galleria Continua - Les Moulins

46, rue de la Ferté-Gaucher, 77169 Boissy-le-Châtel
Ligne P (Coulommiers), puis bus (Chailly-Boissy-Le-Châtel)

01 64 20 39 50 • Du mercredi au dimanche de 12h à 18h (et sur rendez-vous) • Gratuit

galleriacontinua.com

FIAC AUX CHAMPS • D'origine transalpine, la Galleria Continua est implantée en Italie, en Chine, à La Havane... et à Boissy-le-Châtel, à plus de 65 kilomètres de Paris, en pleine campagne. Drôle d'endroit pour exposer de l'art contemporain ? Pas tant que ça. Car ces intrépides Italiens ont investi un lieu hors normes : une ancienne papeterie, avec son terrain de plus de 15 hectares et 10 000 m² de surface bâtie répartie en plusieurs édifices, dont les plus anciens sont quatre fois centenaires. Les bâtiments offrent de vastes espaces, qui permettent d'accueillir d'importantes expositions d'artistes contemporains comme Anish Kapoor, Kader Attia, Ai Weiwei ou Daniel Buren. Une galerie exceptionnelle, qui justifie amplement le voyage jusqu'à Boissy-le-Châtel.

Ferra Botanica

35, rue des Promenades, 77320 La Ferté-Gaucher
Ligne P (Coulommiers), puis bus (La Ferté-Gaucher-Centre)

01 64 04 06 68 • Ouvert d'avril à octobre, plusieurs départs par jour
À partir de 38 € pour la location d'un vélorail

ferrabotanica.com

LE VÉLORAIL, QUELLE AVENTURE ! • On est ici dans les terres de Brie, et plus précisément dans l'espace naturel sensible du Val du Haut-Morin. Ici, la nature est à l'honneur et, pour en profiter, le vélorail de La Ferté-Gaucher constitue la voie royale. Un parcours de 13 kilomètres aller-retour qu'on effectue sur rails, dans de drôles de véhicules accueillant jusqu'à cinq passagers. Ceux-ci se meuvent grâce aux deux sportifs installés à l'avant, et qui pédalent comme sur un vélo. On progresse à son rythme au sein d'un splendide paysage, essentiellement agricole, ponctué de sous-bois. À mi-chemin, au bout de la voie, les plus prévoyants profitent du panier pique-nique qu'ils ont apporté. Puis il est temps de revenir au point de départ. Une aventure qui se prolonge à bord du petit train reliant la gare d'embarquement du vélorail à la Maison du tourisme de La Ferté-Gaucher.

Ruelle de Provins

Une journée pour flâner à **Provins**

Accès : Ligne P (Provins)

Provins est la seule ville d'Île-de-France, du moins pour sa partie haute, à être inscrite au patrimoine mondial de l'UNESCO. C'est sans doute cela qui lui vaut d'attirer, chaque année, plus d'un million de visiteurs, venus admirer cette cité qui a su conserver de très nombreux témoignages de son âge d'or médiéval, quand elle constituait une place commerciale majeure.

Avant de pénétrer dans la cité elle-même, il faut se promener le long de ses **remparts**, érigés au XIIIe siècle : 1 200 mètres et pas moins de 22 tours, qui ont la particularité d'être toutes différentes. Ensuite, une fois rentré dans l'enceinte, on profite d'un escalier pour monter sur les remparts : la vue est imprenable sur les toits de la cité – mais aussi sur tout le paysage agricole qui l'entoure.

La tour César

À l'intérieur de l'enceinte, près d'une **soixantaine de monuments historiques** attendent le visiteur, en sus des nombreuses maisons anciennes, à colombages ou non, dans des rues qui ont gardé leur structure spécialement conçue pour accueillir les foires et autres activités commerciales. Parmi les incontournables : la collégiale Saint-Quiriace, l'église et le prieuré Saint-Ayoul, la grange aux Dîmes, le musée de Provins et du Provinois, sans oublier les **souterrains** et les salles basses, qui forment un véritable réseau.

Mais Provins, ce ne sont pas que des vieilles pierres ! La verdure est là, avec le **jardin Garnier**, jardin à l'anglaise ponctué de grands arbres, de statues et de vestiges architecturaux ; les **allées d'Aligre**, qui forment une longue et agréable promenade, longée par l'une des trois petites rivières de la ville ; et la **Roseraie**, au pied des remparts, qui se présente comme une véritable histoire des roses, avec des centaines de variétés paradant sur plus de 3 hectares.

Office de tourisme de Provins • Chemin de Villecran, 77160 Provins • 01 64 60 26 26 • provins.net

Musée Vivant du Chemin de Fer

3, rue Louis-Platriez, 77650 Longueville • Ligne P (Longueville)

01 64 08 60 62 • Ouvert le week-end et les jours fériés,
fermé le samedi de novembre à fin avril
4 € / TR : 2 € / Visite guidée : 6 €

ajecta.fr

MÉMOIRE DU RAIL • Ils sont entre 80 et 100, témoins de l'époque où l'on voyait encore passer des trains à vapeur sur les voies ferrées françaises. On découvre ici des locomotives, des wagons, conservés pour les plus chanceux dans un magnifique entrepôt en rotonde et pour les autres dehors, où ils attendent parfois d'être rénovés. Il a quelque chose de touchant, ce musée porté à bout de bras par des passionnés qui, depuis quatre décennies, retapent peu à peu, dans la mesure de leurs moyens, locomotives à vapeur, tenders, locotracteurs, autorails, wagons-lits ou wagons de marchandises. Et si ce musée est vivant, c'est parce que plusieurs fois dans l'année, entre autres animations, une locomotive et quelques wagons reprennent du service ; à leur bord, des privilégiés ont ainsi le bonheur de goûter les joies d'un voyage à l'ancienne.

Wat Thammapathip International

Château de Lugny • 243, rue des Marronniers, 77550 Moissy-Cramayel
Ligne D (Lieusaint-Moissy), puis bus RÉ Moissy (Lugny, pas de bus le dimanche)
ou bus DO (Cité-du-Parc), ou 20 min à pied

01 64 88 94 55 • Gratuit

watthaiparis.org

TEMPLE DE LA LUMIÈRE • Qui s'attendrait à trouver une chose pareille dans ce banal quartier d'immeubles et de pavillons ? Un château du XIXe siècle reconverti par les bouddhistes thaïlandais de France en temple, un "temple de la lumière" (traduction de *wat thammapathip*) où les 200 statues de Bouddha alignées le long des allées du parc offrent de surprenantes perspectives. Pour visiter l'endroit, le mieux est d'attendre un des grands rassemblements, comme le Nouvel An thaïlandais. Les jardins sont décorés, l'ambiance festive, et l'on se régale sur les pelouses de bons petits plats thaïs, sans se ruiner. Dépaysement assuré ! Le reste du temps, l'atmosphère est évidemment plus paisible, propice à la vie des moines bouddhistes qui occupent les lieux, de même qu'aux prières, qui attirent là de nombreux fidèles.

Musée Volant Salis

Aérodrome de Cerny – La Ferté-Alais, 91590 Cerny • Ligne D (La Ferté-Alais), puis taxi ou marcher 30 min environ

01 64 57 52 89 • Horaires et jours d'ouverture variables selon les saisons
Entrée : 9 € / TR : 5 €. Baptême de l'air : de 295 € (pour 2) à 695 €

musee-volant-salis.fr

POUR LES FANS D'AVIATION • Connu pour son meeting aérien qui attire chaque année environ 50 000 spectateurs, l'aérodrome de La Ferté-Alais s'est aussi forgé une belle réputation grâce à son musée, un des plus grands de son genre. Une cinquantaine de vieux avions à hélice y sont exposés au gré de cinq hangars chronologiques et thématiques. Ces antiques coucous, qui ont parfois droit au label Monument historique, sont en état de voler – d'où l'appellation "Musée Volant". C'est ainsi que l'on peut monter à leur bord, pour des baptêmes de l'air d'une vingtaine de minutes. Au choix : un biplan Travel Air de 1928, un Boeing Stearman des années 1930 ou un North American T-6 Texan des années 1950. Une expérience inoubliable. Attention, cela se mérite : entre la gare de La Ferté-Alais et l'aérodrome, il vous faudra parcourir 2,5 kilomètres, avec la fameuse montée vers le plateau à la fin.

Musée départemental Stéphane-Mallarmé

4, promenade Stéphane-Mallarmé, 77870 Vulaines-sur-Seine
Ligne R (Vulaines-sur-Seine-Samoreau)

01 64 23 73 27 • Ouvert de mars à octobre, tous les jours sauf le mercredi, de 10h à 12h30 et de 14h à 17h30 • 5 € / TR : 3 €

musee-mallarme.fr

LE REFUGE DU SYMBOLISTE • C'est en 1874 que Stéphane Mallarmé découvrit cette petite maison, en tomba amoureux et en fit sa résidence secondaire. On le comprend. Il y a la Seine à un jet de pierre et la forêt de Fontainebleau guère plus loin, sans parler de l'adorable jardin riche en arbres fruitiers dans lequel se niche cette bâtisse toute simple. À l'étage, qui évoque le souvenir du poète, la reconstitution soignée utilise de nombreux objets, meubles et œuvres lui ayant appartenu. C'est là qu'il travaillait, le matin, avant de profiter – seul, en famille ou en compagnie de l'un de ses invités prestigieux – des nombreux loisirs qu'offrait l'endroit : le jardinage, les promenades en forêt et le fleuve, pour s'y baigner, y pêcher, et surtout pratiquer le canotage, une des passions de Mallarmé.

Le château de Fontainebleau en montgolfière

Parking du CSEM, avenue de Maintenon, 77300 Fontainebleau
Ligne R (Fontainebleau-Avon), puis bus 1 (Château)

03 80 97 38 61 • Vols tous les jours • Billets à partir de 189 €

franceballoons.com

VOL ROYAL • Il faut avoir goûté une fois dans sa vie à ce silence absolu, alors que la nacelle, à 200 ou 300 mètres du sol, flotte au-dessus d'un paysage ininterrompu de champs et de forêts. Sans oublier les belles pierres, car la vedette principale des vols en ballon proposés ici n'est autre que le château de Fontainebleau. L'altitude livre un aperçu exceptionnel de cette architecture royale, on observe les dessins complexes des jardins, la symétrie des pelouses, des haies, des rangées d'arbres. Le vol dure une heure et, en fonction des conditions météorologiques, il vous conduira peut-être au-dessus de Barbizon, Milly-la-Forêt ou, plus au sud, Moret-sur-Loing. On l'a compris : chaque voyage est unique, et à vivre à deux, quatre, six ou huit.

Le canal du Loing à vélo

Les Cyclos du Loing : 12, rue Eugène-Moussoir, 77250 Moret-sur-Loing
Aller : Ligne R (Moret-Veneux-les-Sablons), retour : Ligne R (Souppes-Château-Landon)

06 42 50 98 13 • À partir de 20 € la journée, d'avril à octobre

lescyclosduloing.fr

VIRÉE DE TOUTE BEAUTÉ • Le Loing ? Un des affluents de la Seine, long de 166 kilomètres. Il n'est pas question ici de le suivre sur toute sa longueur, bien sûr, mais d'emprunter le chemin de halage de son canal – qui se trouve être une portion de la véloroute européenne reliant la Norvège à Saint-Jacques-de-Compostelle, via Paris. Au programme, une trentaine de kilomètres sans difficultés, entre Moret-sur-Loing et Souppes-sur-Loing. Moret-sur-Loing, où il est possible de louer des vélos, a conservé moult vestiges médiévaux qui méritent une promenade. La ville et ses environs accueillirent de nombreux peintres impressionnistes, dont Alfred Sisley – ce que l'on comprend par la suite en longeant le canal, au milieu d'un paysage très varié… Aux deux tiers du chemin, arrêt obligatoire à Nemours, avec son vieux centre-ville et son château-musée du XIIe siècle. On reprendra ensuite la route jusqu'à Souppes-sur-Loing, avant de monter dans un train pour rentrer.

Index

INDEX ALPHABÉTIQUE

INDEX GÉOGRAPHIQUE

HAUTS-DE-SEINE

SEINE-SAINT-DENIS

VAL-DE-MARNE

ESSONNE

YVELINES

VAL-D'OISE

SEINE-ET-MARNE

SORTIES EN FAMILLE

Lac Daumesnil, au bois de Vincennes

Crédits photographiques

Toutes les photographies proviennent des établissements cités ou sont © Shutterstock. Autres mentions : p. 10 (© CD 92/Willy Labre), p. 11 (© Adagp, Paris 2020), p. 12 (© Ninaras/Wikipedia Commons CC), p. 13 (© Romain Osy), p. 15 (© Kiev.Victor/ Shutterstock), p. 16 (© CD 92/Jean-Luc Dolmaire), p. 17 (© U.S. Air Force photo/Tech. Sgt. Benjamin Wilson CC), p. 19 (© Kiev.Victor/ Shutterstock), p. 20 (© Two in France), p. 21 (© Office de Tourisme de Clichy-la-Garenne), p. 22 (© MarinaDa/ Shutterstock), p. 23 (© Gimas/ Shutterstock), p. 24 (© CD 92/Jean-Luc Dolmaire), p. 30 (© gabriel12/ Shutterstock), p. 34 (© Alexandra Lande/ Shutterstock), p. 36 (© Benh Lieu Song), p. 39 (© Christophe Brachet), p. 47 (© Jebulon/Wikipedia Commons CC), p. 48 (© olrat/ Shutterstock), p. 51 (© JAYL38), p. 52 (© EQRoy/ Shutterstock), p. 56 (© Ville de Yerres), p. 72 (© Château de Monte-Cristo), p. 75 (© Adagp, Paris 2020), p. 76 (© Adagp, Paris 2020), p. 76 (© Ville de Conflans), p. 80 (© CDT Yvelines), p. 81 (© Ville d'Aubergenville), p. 84-85 (© Kiev.Victor/ Shutterstock), p. 87 (© CDT Val-d'Oise), p. 88 (© Île de loisirs de Cergy-Pontoise), p. 89 (© OT Cergy-Pontoise), p. 92 (© Val d'Oise Aventures), p. 94 (© Bensliman Hassan/ Shutterstock), p. 95 (© Jacky D/ Shutterstock), P. 100 (© Veilhan, Adagp, Paris 2020/ Martin Argyroglo), p. 101 (© Arsenio Reyes), p. 108 (© Adagp, Paris 2020), p. 116 (© FMR), p. 123 (© Vero Godier/ Shutterstock).

Édition revue et corrigée en novembre 2019

Édition : Mathilde Kressmann
Relecture-correction : Marine Bastide, Aglaë de La Genardière et Aude Gandiol
Direction artistique et couverture : Isabelle Chemin

ISBN : 978-2-37395-143-1
Dépôt légal : mars 2020
Achevé d'imprimer en UE en février 2020